La familia
auténticamente
cristiana

La familia
auténticamente
cristiana

Guillermo D. Taylor
Sergio E. Mijangos

EDITORIAL PORTAVOZ

La familia auténticamente cristiana.

© 1983 por Guillermo D. Taylor y publicado por Editorial Portavoz, filial de Kregel Publications, Grand Rapids, Michigan 49501. Todos los derechos reservados.

EDITORIAL PORTAVOZ
P.O. Box 2607
Grand Rapids, Michigan 49501 USA

Visítenos en: www.portavoz.com

ISBN 0-8254-1702-3

2 3 4 5 6 edición / año 06 05 04 03 02

Impreso en los Estados Unidos de América
Printed in the United States of America

Dedicatoria

Yo, Guillermo, dedico este libro a Yvonne, persona, mujer, ayuda idónea, consierva, creativa esposa y madre, maestra. Sin ella no se hubiera escrito ni revisado este libro. Ella es la fuente original de mucho del material que aparece aquí.

A Christine, David y Stephanie, personas, hijos, ahora adultos jóvenes. ¡Christine nos ha convertido en abuelos! Mis hijos han sido grandes retos para su padre, y fueron pacientes en darme tiempo, incluso de las vacaciones familiares, para trabajar en la primera edición del libro.

A mis padres, fieles modelos y moldeadores, ya avanzados en su vejez. Soy lo que soy para bien en gran parte por la inversión que hicieron en mi vida.

Yo, Sergio, dedico este libro a mi esposa Linda, ella es la inspiración, la motivación y el estímulo que me lleva a desear que todos los lectores tengan una familia auténticamente cristiana. Su sonrisa, y su mirada y su amor incondicional son pedacitos de la gracia del Señor que mi vida experimenta momento a momento. También dedico este libro a mis hijos Derek y Christian, bendiciones que el Señor nos ha encomendado para educarlos y formarlos por un tiempo. Sus vidas son un constante recordatorio de la sobrenatural intervención de Dios en las vidas de mi esposa y mía.

Y juntos lo dedicamos a nuestros estudiantes del Seminario Teológico Centroamericano de Guatemala, jóvenes consiervos que han tenido que escucharnos durante años de enseñanza sobre estos temas, y de quienes tanto hemos aprendido.

Finalmente, agradecemos a nuestra iglesia guatemalteca, El Centro Bíblico El Camino, albergue espiritual, entre cuyo pueblo se ha enseñado y convivido este material.

Contenido

Diagramas

Prólogo

Este es un libro que todos los casados, o que deseen casarse, deben leer, especialmente los que profesan ser cristianos.

Sabemos que la familia se ve confrontada hoy como nunca por serias crisis en el terreno social. Hay una tendencia a negar los valores éticos y caer en el relativismo moral, o sea el acomodamiento a lo que está de moda en la sociedad contemporánea.

Uno de los fenómenos de la era moderna es la desintegración familiar. Al mismo tiempo, algunos sociólogos ven en la familia el último reducto que le va quedando al hombre y a la mujer para sentirse verdaderamente humano y afirmar su personalidad. La razón es que, aparte de los suyos, él y ella son solamente dos números más en la computadora o dos piezas en la gran maquinaria industrial.

Desdichadamente, también los hogares cristianos pueden sufrir de una manera u otra por los súbitos cambios sociales. A esto debe agregarse que no todos los cónyuges cristianos han tenido la oportunidad de recibir orientación adecuada para el fiel cumplimiento de sus deberes familiares.

Ante las profundas transformaciones que están efectuándose en nuestra cultura y los muchos fracasos matrimoniales que vemos en nuestro derredor, es natural preguntarse si es posible que haya en esta civilización de principios del siglo veintiuno familias auténticamente cristianas. Los doctores Guillermo D. Taylor y Sergio E. Mijangos, autores del presente libro, responderán esta pregunta de manera afirmativa. Su optimismo cristiano es precisamente una de las notas distintivas de lo que ellos escriben sobre el hogar.

Sin embargo, debe aclararse que ellos no se limitan a ofrecer un conjunto de recetas psicológicas y sociológicas para tener éxito en el matrimonio. Tampoco han escrito un manual de respuestas fáciles, o mágicas, a los problemas en la familia. Se trata ante todo de un libro cristiano para cristianos, es decir, para personas que han nacido de nuevo por el poder del Espíritu Santo, por el poder de la Palabra de Dios, y por el poder manifestado en la resurrección de Jesucristo. Así tiene que ser cuando se piensa en la familia auténticamente cristiana, la cual no puede existir a menos que haya un serio compromiso de fe y obediencia con el Señor Jesús.

El enfoque es, por lo tanto, eminentemente bíblico. Los principios matrimoniales aquí enunciados vienen principalmente de la palabra escrita de Dios. En la obediencia a lo que Él dice está la fuente de su bendición sobre el hogar.

Por hallarse basada en las Sagradas Escrituras, la obra de Taylor y Mijangos es también de naturaleza sumamente práctica. No hay otro libro que sea más practico que la Biblia para la orientación espiritual y ética de nuestra vida terrenal.

Además, los autores escriben desde el laboratorio de su propia vida matrimonial. No son simplemente dos teóricos que se hayan unido para especular sobre la materia. Su enseñanza no ha surgido de una confusa imaginación. Ellos han experimentado en carne propia lo que significa asumir diariamente las responsabilidades del hogar; nos introducen amablemente al seno de su familia y con toda sinceridad nos ilustran sobre cómo aplicar principios bíblicos cristianos a las relaciones entre esposo y esposa, y entre padres e hijos.

El estilo es ameno, directo, franco, y a veces hasta emotivo, sin caer en la sensiblería. En realidad la idea de escribir y publicar este libro nació de la vivencia matrimonial, docente y pastoral de sus autores. Hemos dado gracias a Dios por ellos, y por su interés en dedicar parte del caudal de sus conocimientos y experiencia al servicio de los hogares en el mundo de habla hispana. Quiera el Autor de la vida y Señor de la Iglesia usar esta obra para la formación entre nosotros de muchas familias auténticamente cristianas.

Emilio Antonio Núñez C.
Ciudad de Guatemala, enero de 2002.

A modo de introducción

El Trasfondo de esta Revisión

Nos sorprende reconocer que este libro nació hace veinte años. Se forjó dentro de la cultura latinoamericana, en el quehacer de la vida cotidiana, dentro de la experiencia de los centenares de estudiantes que tuve en el Seminario Teológico Centroamericano (SETECA), dentro de la dinámica de nuestra amada iglesia, El Centro Bíblico el Camino, ambos en la capital de Guatemala, y a raíz de los años como profesor del tema de la familia cristiana en el SETECA. Confieso que yo, Guillermo, les informo que el libro también fue informado por mi experiencia como padre. Al pasar estos 20 años, mis hijos ahora son adultos; tengo un yerno; soy abuelo; tengo 35 años de casado, y sigo enamorado de mi esposa, Yvonne. Pero también tengo que reconocer que soy un autor cicatrizado por la vida, por los golpes, aun por las oraciones que no han sido contestadas. ¡El tiempo…!

Ahora a los veinte años, nuestra Editorial Portavoz, nos invita a una revisión del libro. El proyecto se aceptó con una condición, que tuviera un coautor, mi amigo y consiervo, Sergio Mijangos. Fue nuestro privilegio conocernos hace muchos años en la década de los 70, cuando Sergio era líder juvenil de su iglesia. Llegó a ser un hijo espiritual, quien año tras año en el Día del Padre me enviaba una tarjeta especial. Al pasar el tiempo, Sergio sintió el toque de Dios para estudiar psicología, y lo inició en su patria, Guatemala. El Dios proveedor abrió las puertas para que Sergio estudiara en Norteamérica, y culminó su carrera académica con un doctorado en psicología clínica. En medio de ese proceso, se casó con Linda, y Dios les otorgó dos hijos "de milagro".

Hoy día Sergio sirve al Señor como profesor de consejería y Director de Asuntos Estudiantiles del SETECA. La providencia de Dios se manifiesta en que yo, hace 30 años intenté enseñar una asignatura sobre la consejería cristiana. Expresa el dicho: "en la tierra de los ciegos, el tuerto es rey". Y así me sentí ofreciendo esa materia aquel año. Ahora el SETECA tiene en su personal docente la persona más capacitada para toda la gama psicológica en la persona del doctor Mijangos. Su toque en esta revisión es más visible en los dos capítulos que escribe, así como en la bibliografía. Pero Sergio ha impactado la totalidad del libro porque se propuso estudiarlo completamente y hacer los cambios menos visibles pero imperativos. Sin su colaboración no me hubiera lanzado a esta tarea como autor. Él es el autor completo de los capítulos tres y cinco.

El Contexto del libro

El comentarista sudamericano Mariano Grondona observó hace tiempo en un penetrante ensayo que la familia contemporánea latinoamericana experimentaba una verdadera revolución. Los fundamentos tradicionales y transmitidos por generaciones pasadas se substituyen por modelos contemporáneos, frágiles y, muchas veces, peligrosos. "Nos vamos convirtiendo en una sociedad de nómadas",[1] afirma Grondona, reduciéndonos a la familia "nuclear" de solo madre, padre e hijos pequeños. Estamos notando un traspaso de funciones de la familia al estado "todo proveedor" y además sufrimos de una seria confusión de los papeles del hombre y de la mujer.

Otros agudos observadores de la historia y cultura latinoamericana notan que los primeros modelos de familia, de ser hombre / padre, llegaron como parte de la Conquista Ibérica del supuesto "Nuevo Mundo". ¿Cuáles eran esos modelos? Primero, el hombre conquistador, el hombre fuerte, el hombre que viajó a esas tierras sin esposa o familia. Cuando tenía necesidades sentimentales o sexuales, encontraba a una indígena y se unía sexualmente con ella. De esa unión emerge la nueva raza mestiza, un nuevo pueblo. Pero el modelo antiguo de ese tipo hombre persevera en nuestra cultura, el hombre macho, viril, que necesita a la mujer para su satisfacción. Y tiene su contra parte, la mujer sumisa, la mujer que sirve para satisfacer al hombre. Ella también es la mujer manipuladora, la mujer que tiene que defenderse.

El segundo modelo histórico de ser hombre latino era el sacerdote, el religioso, participante activo de la Conquista, porque la espada y la cruz viajaron juntas. El religioso era soltero por vocación y voto. Pero ¿cuál ha sido el impacto de este modelo? En parte este ejemplo ha generado una ambivalencia e incertidumbre en cuanto a lo que significa ser hombre. También ha tendido a producir una religión que atrae más a la mujer que al varón.

Estos dos modelos históricos de ser hombre influenciaron nuestras culturas latinas, y su impacto sigue hasta hoy día. ¿Adónde encontrará el hombre contemporáneo su ejemplo de ser hombre en nuestro mundo conflictivo? Tiene que provenir de la contra-cultura generada por el Dios vivo, por el Cristo resucitado, por el Espíritu poderoso, y ellos encontrados dentro de la comunidad cristiana, la iglesia local. La comunidad evangélica puede demostrar un nuevo ejemplo de hombría porque la mayoría de nuestros pastores con hombres casados, con familia. Si los pastores y el laicado cristiano viven una auténtica fe cristiana, encarnan lo que puede significar ser hombre integral. Nuestros retos son enormes pero no imposibles.

El mundo ha cambiado radicalmente desde la primera edición del libro. En el 1982 pocos tenían computadoras personales; el Internet no existía; no se hablaba de la globalización; nadie sabía mucho acerca del SIDA, mucho menos que sería una amenaza continental; el sistema marxista todavía dominaba la izquierda y la Teología de la Liberación, y ninguno se imaginaba que el sistema ruso podría desmoronarse, y al mismo tiempo, desarticular a tantos liberacionistas latinos. El mundo no es el mismo, para bien o para mal, y somos ciudadanos de una realidad nacional, continental, global.

Las Escrituras y este libro

¿Cuál será nuestro punto de partida como familia cristiana para enfrentar el cambio radical de las primeras décadas del siglo XXI? ¿Iremos a los éxitos de librería de hoy, a las brillantes y tediosas publicaciones de los sociólogos? ¿Escucharemos la voz de los radicales quienes desean abolir el matrimonio y la familia? ¿Dejaremos que las podridas telenovelas destruyan nuestro entendimiento de lo que significa ser mujer, hombre, amor, familia, hijos? Acudamos a la fuente de autoridad, la Biblia. Acudamos también a la iglesia local como comunidad del pueblo de Dios, la cual ha de modelar la nueva vida transformadora del Cristo vivo. Este pueblo cambiado ha de darnos el ejemplo de hombre, de mujer, de familia.

Una de las verdades sorprendentes de las Sagradas Escrituras es su constante aplicabilidad a nuestros días, a pesar de haber sido escrita siglos y culturas atrás. Constantemente tenemos que revisar nuevas publicaciones y escritos sobre la familia, desde perspectivas cristianas o seculares. Pero hasta hoy no se ha encontrado nada con la autoridad y relevancia de la Biblia.

En Deuteronomio 6-7 encontramos siete lecciones que nos sirven como modelos antiguos y actuales para nuestro hogar. Moisés escribe en un tiempo crítico de la historia de Israel, de un pueblo sobre la marcha, necesitando establecer su identidad como nación gobernada por valores sobrenaturales, el pueblo escogido. Israel estaba rodeada de otros sistemas sociales y religiosos, intrínsicamente enemigas de Jehová. Al mismo tiempo, Moisés comunica las normas éticas para la vida política, cotidiana y espiritual de su pueblo. El fundamento de la sociedad tendría que ser el hogar, y con un enfoque claro Moisés afirma este fundamento.

En primer lugar (6:1–3), *Dios nos reta a encarnar la fe.*

Estos, pues, son los mandamientos, estatutos y decretos que Jehová vuestro Dios mandó que os enseñase, para que los pongáis por obra en la tierra a la cual pasáis vosotros para tomarla; para que temas a Jehová tu Dios, guardando todos sus estatutos y sus mandamientos que yo te mando, tú, tu hijo, y el hijo de tu hijo, todos los días de tu vida, para que tus días sean prolongados. Oye, pues, oh Israel, y cuida de ponerlos por obra, para que te vaya bien en la tierra que fluye leche y miel, y os multipliquéis, como te ha dicho Jehová el Dios de tus padres.

En otras palabras, el padre y la madre que hoy se llaman "hijos del Dios vivo" han de demostrar en la encarnación diaria de su vida que Dios existe y vale la pena seguir sus normas. Los padres —o la madre soltera— tienen que afirmar que es valioso y sano vivir conforme a estos patrones éticos. No se permite simplemente una fe de labios. Tiene que ser una fe que se demuestre en sus hechos.

En segundo lugar, *Dios nos reta a vivir una vida enteramente entregada al Dios de la historia.* "Oye, Israel: Jehová nuestro Dios, Jehová uno es. Y amarás a Jehová tu Dios de todo tu corazón, y de toda tu alma, y con todas tus fuerzas" (6:4–5). No es suficiente solo cantar himnos, llevar la Biblia a la iglesia, ofrendar, enseñar y evangelizar, o asumir puestos de liderazgo en la iglesia y sociedad. Nuestra tarea es la de asegurar que nuestra entrega al Dios vivo es íntegra e integral.

Tercero, *el reto para los padres cristianos es de demostrar ante sus hijos una vida genuina en los detalles más minuciosos.* Noten las esferas específicas en 6:6–7: "… y las repetirás a tus hijos, y hablarás de ellas estando en tu casa, y andando por el camino, y al acostarse, y cuando te levantes". La auténtica vida cristiana no se demuestra en la iglesia, sino detrás de las paredes del hogar, sin contradicción entre lo público y lo privado. Francamente, es difícil ser padres cristianos cuando estamos cansados o irritados, o cuando luchamos contra la pobreza y la injusticia. Tal vez nos va mal en el trabajo y por eso desdichadamente nos descargamos en contra de nuestros seres queridos. Otros tienen dificultad en ser "espirituales" por la mañana, "cuando te levantes". Pero nuestros hijos y cónyuges necesitan ver un testimonio real durante todas las horas del día.

En cuarto lugar, observamos que *Moisés daba lugar para símbolos con significado espiritual* en 6:8–9. El pasaje habla de atar la palabra de Dios en la frente y la mano, refiriéndose a una costumbre judía de guardar secciones escritas de la Biblia en una pequeña cajita atada a su frente o a la mano. El propósito era que no se olvidasen de la Palabra. Además, "… y las escribirás en los postes de tu casa, y en tus puertas". Tal vez nosotros hemos reaccionado en contra de los extremismos de la tradición religiosa, pero hemos eliminado casi por completo los símbolos espirituales, inclusive la cruz, como parte de la decoración del hogar. ¿Por qué no utilizar cuadros y símbolos que comunican valores cristianos, sin caer en un romanticismo de arte inferior y excesivamente sentimental?

Además, el pasaje nos insta, en Deuteronomio 6:10–16, a *tener corazones agradecidos,* tanto en medio de las bendiciones como de los problemas. Israel habría de heredar tierra ya labrada y productiva al tomar control de Palestina. Pero también enfrentaría los problemas y las estructuras demoníacas de las culturas aledañas. En ambas experiencias era tarea de las familias fieles a Dios ser agradecidas por la provisión diaria. ¿Cómo se demuestra el agradecimiento genuino en tu hogar?

En sexto lugar, *tenemos que estar preparados para una enseñanza continua*, sea formal o informal. Moisés conocía la tremenda importancia de un programa perseverante de educación espiritual y moral que tendría impacto en las futuras generaciones. Una de nuestras preocupaciones más grandes hoy día es la condición espiritual de los evangélicos de segunda y tercera generación. Muchos han abandonado la fe "sólo heredada" de padres cristianos. Conversando recientemente con un experto en sectas falsas, me contó que el 60% de los jóvenes que participan en estos grupos provienen de hogares que se han llamado "evangélicos". Trágicamente, la culpa en parte la tienen los padres (o los pastores) que se confiaron en una profesión de fe del niño o la niña de muy temprana edad. O se conformaron simplemente en una asistencia a la iglesia durante la niñez y la juventud. Pero no hubo conservación, ni confirmación de esa "discusión". Como padres no podemos confiarnos ni descuidarnos. Es imperativo demostrar nuestra vida cristiana genuina en el hogar, a la vez que fortalecemos la tierna fe de nuestros hijos hasta una futura y fuerte maduración.

Lamentablemente, muchos hijos de trasfondo evangélico han rechazado la fe que les formó en el hogar. A veces es porque vieron demasiada hipocresía en sus padres, o en el liderazgo de la iglesia, y se apartaron desilusionados. En otros casos las razones no son tan claras. El "interior espiritual" de cada ser humano es un misterio solo comprendido por Dios. Y el peregrinaje de cada hijo es distinto. Todos nosotros conocemos casos de padres malos o indiferentes con hijos maravillosos. También conocemos casos de padres excelentes con hijos difíciles y rebeldes. La vida no es un asunto nítido ni lógico que se puede controlar.

Al fin y al cabo, los padres no son los responsables por las decisiones definitivas y finales que toman los hijos. Cada hijo o hija tiene su propia voluntad, y al llegar a su madurez, es posible que decida abandonar la fe y las normas éticas de la familia cristiana. En tales casos, los padres han de ser consecuentes con su vida cristiana, pedir perdón cuando es apropiado, mantener el lazo familiar de la comunicación, y orar sin cesar por el retorno espiritual de los hijos. No existe garantía ninguna de fórmula fija que asegura que los hijos en su madurez seguirán la fe o las normas éticas de sus padres. ¡Ser padre y madre es un peregrinaje de fe!

En Deuteronomio 7:1–3, el gran caudillo Moisés pone el dedo en una llaga que ha debilitado al pueblo de Dios desde ese día hasta hoy. Moisés les recuerda que al entrar a la tierra *tendrán problemas en la vida sentimental de los hijos*. Moisés les manda no permitir matrimonios mixtos. ¿Cuántos de nuestros jóvenes o señoritas de hogares cristianos se han casado con una persona sin Cristo? El relato es trágico. Nos provoca profunda inquietud ver a padres que se llaman evangélicos preocupados de que sus hijas se casen "bien", pero son criterios no cristianos. Prefieren que sus hijos se casen con alguien de posición social y económica, pero sin valores cristianos. Este mal aparece aun en hogares de líderes cristianos.

Finalmente

¿Qué nos proponemos con este libro? Sencillamente deseamos expresar lo que significa vivir un hogar cristiano. No hay familia cristiana perfecta. Pero sí hay familias cristianas que perseveran en su integridad integral. Nuestro deseo es que cada persona que lee estas páginas sea fortalecida en la lucha por una familia que trata de ajustar sus normas conforme a la tabla de valores de las Escrituras. ¡Qué Dios les bendiga en su hogar auténticamente cristiano, vitrina de realismo, de lágrimas y dolor, de luz y verdad!

CAPÍTULO 1

Dios: Arquitecto de nuestra familia

Durante nuestra revisión de la literatura sobre la familia, encontramos que pocos sociólogos e historiadores intentan aclarar el origen de la familia. Sencillamente, anotan que la familia ha existido desde los principios de la raza humana, y de allí "hacen historia", apuntando a las variadas contribuciones que provienen de diferentes razas y pueblos. Pero el cristiano sí tiene la palabra histórica del origen, porque nuestro punto de partida es Dios y su Palabra. Tenemos origen divino como personas y como familias, y debemos reconocerlo cuanto antes, retornar a examinar las bases, y vivir a la luz de sus implicaciones.

Ahora regresemos al relato original de la creación en Génesis 1 y 2. Los datos son históricos, verídicos, realizados en tiempo y espacio. También están escritos con un lenguaje sencillo, profundo y poético. La lectura seria de Génesis 1:26–31 y 2:7–25 revela una serie de significativos principios que tienen directa aplicación a la familia cristiana. Están colocados dentro del marco del Dios creador, soberano, señor del universo y de nuestro planeta. No hay otro como Él. Moisés, al compilar esta información recibida en parte a través de la tradición oral, y en parte probablemente por revelación divina, establece la singularidad del Dios personal del pueblo de Israel, Jehová. He aquí los pasajes y sus principios:

Dios nos creó a su imagen

Al llegar al día sexto de la creación, la Palabra afirma:

Entonces dijo Dios: Hagamos al hombre a nuestra imagen. conforme a nuestra semejanza; y señoree en los peces del mar, en las aves de los cielos, en las bestias, en toda la tierra, y en todo animal que se arrastra sobre la tierra. Y creó Dios al hombre a su imagen, a imagen de Dios lo creó; varón y hembra los creó (Génesis 1:26–27).

La cúspide de la obra creativa divina se expresa en el ser humano como raza singular. Esto nos enseña que no somos el producto de un ciego proceso de la evolución. No somos el resultado al azar, como lo enseñan los evolucionistas. Ellos afirman que somos el producto de una combinación de células que por casualidad "decidieron" combinarse y originar después de millones de años lo que hoy se conoce como la raza humana. El pasaje también es claro en decir que no somos simplemente una compleja combinación de productos químicos, células, nervios que producen la materia prima de nuestros primeros padres.

En contraste somos el producto de un Dios soberano, quien nos creó a su imagen. El pasaje está repleto de contenido importante. Ya no es algo impersonal como "produzca la tierra" del versículo 24, sino que es "hagamos al hombre a nuestra imagen". El plural "hagamos" es impresionante por el énfasis en el Dios glorioso y majestuoso, y el ser humano es creado al completarse los seis días de creación. El distintivo del humano es que a pesar de ser parte de la naturaleza, está ubicado superior a la naturaleza. Su gloria se nota en la relación personal que sostiene con el Creador: "a nuestra imagen" y "conforme a nuestra semejanza". Dios creó al hombre y a la mujer moral y espiritualmente responsables. Nosotros creamos, amamos, evaluamos, planeamos, decidimos, adoramos.

A menudo, tenemos la tendencia a dividir al hombre en dos o tres partes: cuerpo, alma, espíritu. Pero la mentalidad hebrea enfoca al hombre integral, un ser, una persona, una unidad que piensa y razona, que decide y escoge, que siente y expresa sus emociones, que alaba y ora. El Creador nos creó con creatividad singular. Tenemos el soplo divino, y aunque algunos hoy traten de negar esta realidad, bienaventurado aquel que reconoce su distintivo y lo agradece a su Dios. El significado contemporáneo del versículo 27 es formidable, porque claramente Dios nos creó varón y hembra a su imagen. Son dos, y no tres sexos, y la humanidad se complementa en la dualidad sagrada. El Dios quien magníficamente se autoexpresa con el plural "hagamos", nos ha creado varón y hembra. No es que, como algunos tratan de afirmar, Dios primero creó al hombre como algo bisexual que después fue "dividido" en los dos sexos. No, aquí el texto está claro respecto a que Dios al inicio los creó separados, pero ambos reflejando la naturaleza especial del ser diseñado para reflejar a la persona de su Creador.

Cabe comentar las similitudes y disimilitudes entre el hombre y la mujer, tema que otros autores han desarrollado con mayor profundidad. Algunas de las diferencias entre los sexos son producto de factores culturales, como aspectos de los papeles y las funciones establecidas por la sociedad. Otras disimilitudes se vislumbran dentro del plan divino, como las dimensiones fisiológicas, y algunas de las áreas emocionales. Pero la belleza global de la dimensión heterogénea de la creación se nota en que ambos sexos tienen la estampa de ser creados a la imagen de Dios. Es dentro de la comunidad de la iglesia, pero en especial dentro del matrimonio mismo que las dos dimensiones se unifican, produciendo de esa manera una más completa imagen y semejanza de nuestro Dios.

Dios comisiona a ambos

La elocuencia del pasaje demuestra en pocas palabras el plan que Dios tuvo para nuestros primeros padres, cuando "… los bendijo … y les dijo: Fructificad y multiplicaos; llenad la tierra, y sojuzgadla, y señoread…". (1:28). Los cinco verbos centrales se resumen en dos categorías: la procreación y la administración. Obviamente, en aquel momento, el planeta tenía solo dos habitantes, y era imperativo aumentar la población. Pero nos interesa el significado de la segunda comisión. Los términos "sojuzgadla y señoread" reflejan una delegación singular de Dios al hombre. Su tarea era de administrar la tierra para honra y gloria de Dios. En este mandato cultural encontramos una teología inicial de creación y cuidado del planeta, así como toda investigación, ciencia, tecnología, liderazgo, expresión artística y mayordomía sobre y a favor de la creación. Dios responsabiliza al hombre para tener dominio sobre la tierra como representante divino, gobernando con una capacidad ética y produciendo nuevas vidas. Ha de servir y cuidar la tierra.

Es interesante notar que para cumplir con las dos comisiones, es necesaria la participación de ambos, varón y mujer. Así lo diseñó Dios, pero lastimosamente muchos hombres hoy día relegan a la mujer a una mera función reproductiva, y no permiten ni reconocen su participación en la segunda comisión. El mandato se dirige a los dos, y juntos han de obedecer a su creador como administradores del planeta.

Habiendo concluido la tarea de los seis días, Dios declara que era "bueno en gran manera". Esta expresión demuestra la profunda satisfacción que Dios tuvo al observar su hechura. La idea aquí es emotiva, de sentir un especial y sincero deleite por algo que salió tan bien. Dios se regocija con y por su creación.

Dios crea a la ayuda idónea

El Capítulo 2 del libro de Génesis, llamado "el segundo relato de la creación", vuelve a enfatizar ciertos aspectos de la creación, particularmente del hombre y de la mujer, y de la condición en que Dios les dio inicio a su tarea. El versículo 7 ofrece un detalle valioso. El vocablo "formó" expresa el trabajo deliberado y diseñador de un artesano alfarero, solo que aquí el alfarero es Dios mismo, quien toma los elementos químicos de la tierra para formar al hombre con destreza y soberanía. Pero el verbo "sopló" es calurosamente personal, "con la intimidad cara a cara de un darse a sí mismo también".[1] El hombre tiene vida, es un ser espiritual y eterno.

La descripción del huerto, así como las condiciones, se dan en los versículos 8–17. Y allí encontramos la singular frase del versículo 18, cuando dijo Dios: "No es bueno que el hombre esté solo; le haré ayuda idónea para él". El idioma hebreo tiene dos expresiones para indicar que algo no es bueno. Una, *ein tob*, sencillamente afirma que algo carece de lo bueno, sin mayores implicaciones. La otra, *lo tob*, sugiere con fuerza que categóricamente no hay nada de bueno. Y la segunda es la que se menciona en nuestro texto aquí. La carencia, la ausencia de la mujer demostraba un "no es bueno" en gran escala. No es que haya una falta moral, sino que la creación no está completa y la obra magna tenía que realizarse.

El concepto de la ayuda idónea, *ezer kenegdo* en hebreo, está cargado de riqueza. Tiene la idea no de una sierva, una esclava, alguien inferior o superior, sino de alguien a su nivel, alguien apropiado, alguien de su naturaleza y semejanza, alguien que ofrecería una ayuda correspondiente al hombre, alguien para ayudarle a cumplir con las dos grandes comisiones. Escuchemos el comentario de Kidner:

El Nuevo Testamento saca mucha de su enseñanza sobre los sexos de este párrafo coronante del capítulo, que es la dinámica, o dramática, contraparte de 1:27–28. El nombramiento de los animales, una escena que presenta al hombre como monarca de todo lo que observa, con sensibilidad, lo revela como un ser social, diseñado para la comunión, no para el poder: no podrá vivir hasta que ame, entregándose a sí mismo (24) a otro a su propio nivel. Así que la mujer es presentada enteramente como su socio y contraparte; nada se dice hasta ahora de ella como procreadora. A ella se la valúa como ella y solo ella.[2]

La mujer le ayudará al hombre a obedecer la voz de Dios y a servir al Creador, y todo lo dicho acerca del hombre como persona se aplicará a ella. La gran procesión y el nombramiento de los animales que sigue tienen propósitos combinados. En primer lugar, al darle nombre a los animales, Adán demuestra el señorío como hombre sobre la naturaleza. En segundo lugar, Adán practica parte de la misión del señorío. Pero además, le prepara para la dirección en su propio hogar, y finalmente le hace sentir su propia necesidad de una compañera de vida. Adán, al observar a los animales, probablemente habiendo ellos pasado por pareja, nota que ellos sí tienen su complemento, pero él no. Adán ahora está listo para el paso final. El misterio del proceso de la creación de la mujer se revela parcialmente a través de palabras escogidas, y sin lujo de detalle. Durante el profundo sueño, Dios hace cirugía mayor. Algunos han sugerido que el término "costilla" en hebreo puede sugerir parte del pecho del hombre. La palabra *zelah* podría significar el lado, pero en este contexto es una porción del cuerpo humano, la costilla. Literalmente dice: "y Él tomó una de sus costillas".

La mujer fue creada, no del polvo de la tierra, sino de una costilla de Adán, porque ella fue formada para una inseparable unidad y comunión de vida con el hombre, y el modo de su creación era para colocar el actual cimiento para la ordenanza moral del matrimonio.[3]

Cuando el texto dice que Dios "hizo" una mujer, el verbo hebreo, *yabein*, denota la acción del maestro escultor esculpiendo su "*magnum opus*", lo mejor que se puede crear. La elaboración de la mujer le da un significado muy especial como criatura cariñosamente creada y trabajada por su Creador.

La reacción de Adán es elocuente, demostrando su satisfacción por su complemento humano, y las palabras escogidas para su expresión de aceptación tienen también un particular significado. Ella comparte su esencia física, viene ella de él. La intimidad del nombre "varona" se puede ver en parte en relación con "varón". Ella es *isháh*, y él, *ish*, y aunque Adán demuestra su liderazgo al nombrarla, al llamarla *isháh*, él sabe muy bien que ella comparte su naturaleza espiritual como persona, como humana. En ningún sentido enseña este pasaje la inferioridad de la mujer. Más bien la eleva a su identidad esencial. Ella es persona, aun antes de ser hembra.

Dios enseña la esencia del matrimonio

El matrimonio por definición bíblica tiene un origen divino y no humano-sociológico. Los antropólogos, sociólogos e historiadores pueden describir las variadas prácticas y estructuras matrimoniales de las culturas del mundo. Pero solo el judío y el cristiano entiende quién lo diseñó y cómo ha de funcionar. Cuando una nación bajo cierto esquema político intenta eliminar el matrimonio como base fundamental de la sociedad, ésta corre peligro de una masiva desintegración. Un clásico ejemplo lo encontramos en la antigua URSS durante los años 1924–1936. Al reventar la revolución marxista-leninista, los principales teóricos habían concluido que el matrimonio occidental demostraba los peores males del capitalismo burgués explotador. Con la nueva sociedad ya no habrá necesidad de tales contratos humanos, y se buscaba regresar al concepto de "una vida sexual natural y sencillamente fisiológica". El matrimonio pasó por una etapa de sexo como "vaso de agua" y de fácil terminación con divorcio libre por medio de "tarjetas postales".[4] Pero el resultado dentro de la sociedad misma fue evidente. Pandillas de niños y jóvenes sin padre ni madre circulaban por la nación, y además se observó una dramática reducción de la natalidad. Fue entonces cuando el Estado afirmó que el matrimonio tendría que estructurarse bajo cimientos más sólidos, controlado por las leyes. El gobierno eliminó las pandillas como que si fueran ratas.

Ahora, ¿qué dice el texto en Génesis acerca de la esencia del matrimonio? La "fórmula" que encontramos en el versículo 2:24 la repetirán Cristo (Mt. 19:5) y San Pablo (Ef. 5:31), subrayando el intento divino y la continua aplicabilidad del diseño original. "Por tanto, dejará el hombre a su padre y a su madre, y se unirá a su mujer, y serán una sola carne". Los verbos son claves, y las ideas, probablemente expresadas por Moisés como resumen explicativo, son formidables.

El "dejar" aquí tiene la idea de cortar, separar, partir. Habla de la imperativa necesidad de cortar los lazos de dependencia, de una separación emocional, económica y tal vez física de los padres. El enfoque aquí cae sobre el hombre, pero la aplicación cae sobre los dos cónyuges. Bien expresa el dicho: "El que se casa, casa quiere", porque la sociedad misma reconoce cuántos problemas surgen cuando no existe este aspecto. A toda pareja que aconsejamos en orientación prematrimonial, les preguntamos: "¿Dónde piensan vivir?" Si van a vivir en su propio piso o pequeña casa, les felicito. Pero si van a vivir con uno de los suegros, la conversación se torna seria. No es que estemos en contra de los suegros. De ninguna manera. Simplemente, la experiencia enseña que hay problemas, y muchos de ellos muy serios, cuando la nueva pareja trata de armar su matrimonio en la misma casa de los suegros. A los pobres suegros les han caído una serie de dichos y expresiones no muy agradables, pero desdichadamente hay mucha razón. En otras palabras, la pareja debe encontrar su propio nido aparte.

Al mismo tiempo, reconocemos que en algunos sectores de nuestra población, hay culturas, sea en zonas rurales o entre las culturas indígenas, donde el matrimonio sencillamente hace crecer la gran familia. Generalmente la nueva esposa llega a vivir como parte de la familia del esposo. Este probablemente fue el caso en tiempos bíblicos también.

El segundo verbo es "unir". Literalmente, el hebreo habla de adherirse como por medio de un pegamento. La unión esencial del esposo y la esposa les llama a una nueva identidad unificada, una nueva esencia familiar. Hay un cambio de lealtad, sin menospreciar a los respectivos padres. Pero ahora la nueva pareja dirige su lealtad el uno al otro. Se han separado del lazo de dependencia de los padres, y ya no deberán regresar corriendo al hogar original para solucionar sus problemas.

La tercera fase aparece en las palabras "y serán una sola carne". En las Escrituras este concepto habla de la relación íntima sexual. Esta experiencia personal les une en forma físico-espiritual-sexual, y a través de ella casi regresan a la unión original. La Biblia nunca trata a escondidas la sexualidad del ser humano, ni las relaciones íntimas sexuales del matrimonio. Son una expresión fundamental del hogar, pero con significado muy elevado. La Biblia jamás coloca al sexo al nivel de cualquier otro apetito humano. No es como comer ni beber, porque Dios lo diseña dentro del matrimonio como una máxima expresión de dos personas que se aman y que se han propuesto vivir juntos, dando testimonio al mundo de la nueva entidad social.

En cierto sentido, el "dejar" y el "unir" se refieren a una dimensión pública, y se reflejan hoy en las ceremonias civil y religiosa. El "ser una sola carne" se refiere a la dimensión privada. Pero las tres facetas enfocan la naturaleza unitiva del matrimonio como propósito central de Dios. Hasta este punto no aparecen los niños, aunque están ellos dentro de las comisiones dadas al hombre y a la mujer. Dios desea subrayar la centralidad de la unión espiritual, emocional, intelectual y física.

Cabe aquí una advertencia dirigida a los novios jóvenes, muchos de ellos cristianos, quienes afirman con pasión: "Nos amamos, y tal vez pronto nos casaremos. ¿Por qué tenemos que esperar hasta que participemos en una ceremonia humana, civil y religiosa, para expresar nuestro amor? ¡Amémonos ahora hasta lo máximo; será el sello de nuestro amor! " Y con similares o mejores justificaciones concluyen nuestros novios que tienen el derecho de expresar su afecto en relaciones sexuales prematrimoniales. Pues, ¿y por qué no? Sencillamente, porque éste no es el diseño divino. Noten claramente que el "ser una sola carne" viene después del "dejar" y el "unir". Dios sabe muy bien, y nosotros lo hemos observado, que la relación íntima es tan especial y preciosa, que no solo debe, sino que tiene que guardarse para el santuario del matrimonio. Solo el matrimonio formal puede proteger a la pareja de una desintegración que viene precisamente a través del sexo fuera del matrimonio. Hemos aconsejado a parejas de novios, cristianos y algunos de ellos líderes juveniles de la iglesia, quienes no pudieron esperar. La historia es triste, porque la mayoría de estas parejas quiebran su noviazgo y tratan de armar las piezas por otro lado. Si la chica resulta embarazada, el problema se agudiza aún más allá del complejo de culpa. En estos casos, la señorita resulta siendo la parte más afectada, teniendo que pagar el precio más caro por su pecado. De ninguna manera aprueba Dios la relación sexual prematrimonial, aunque lleguen a casarse sin embarazo. Jamás he escuchado a una pareja quejarse por haber esperado hasta el matrimonio para la relación íntima, pero sí he oído lamento de las que no esperaron.

El diseño divino para el matrimonio es: un hombre, una mujer, hasta la muerte. El plan original no ofrece divorcio o separación como alternativa a un matrimonio aburrido o con problemas. Al llegar al Nuevo Testamento, Cristo, repitiendo el pasaje de "dejar", "unir" y "ser una sola carne", concluye afirmando: "lo que Dios juntó, no lo separe el hombre" (Mt. 19:6). Solo cuando una pareja entiende el significado del voto matrimonial es cuando debe casarse. El matrimonio tiene como su médula una relación comprometida, no una emoción romántica, de corte telenovela. El amor del matrimonio no está basado en sueños y aspiraciones sentimentales. Es una cosa seria y debe ser para siempre. Los votos matrimoniales son serios y fuertes, demandando el amor supremo del uno para el otro.

El versículo 25 concluye: "Y estaban ambos desnudos, Adán y su mujer, y no se avergonzaban". Hoy día es solo dentro de la intimidad matrimonial que se puede experimentar esta relación singular. Dios nos permite "regresar" a Génesis 2, antes del pecado, pero lo limita a la condición de esposo y esposa.

Unas breves conclusiones

Tal vez usted podrá sacar muchos otros principios de estos pasajes bíblicos. Hemos escogido los cuatro más sobresalientes. Somos producto del Dios creador, hechos a su imagen y semejanza, comisionados con propósitos concretos, creados para complementarnos, para funcionar dentro del marco de la esencia matrimonial.

Es bello reconocer que el Dios creador de mi persona me ama personalmente. Él me creó como una persona y no como un robot, ni como un ser mecánico sujeto a las fuerzas más allá de mi control. Él nos creó varón y hembra a su imagen, y tal concepto me llama a respetar en gran manera a todo hombre y a toda mujer. Si soy hombre no tengo lugar para creerme superior a la mujer en ningún sentido, ni sentirme amenazado por una mujer más inteligente que yo. Todos nos necesitamos y nos complementamos. Esta enseñanza equilibra también los extremos del movimiento feminista que ha surgido muchas veces a raíz de experiencias personales hirientes y negativas.

Dios es el dador de nuestra sexualidad, y el reconocimiento de esta enseñanza nos permite dar gracias a Dios por nuestra naturaleza sexual con sus emociones y necesidades. La clave: controlar nuestros deseos y canalizarlos dentro del marco bíblico. Si soy varón, debo verme como varón, aceptarme y agradecer a Dios por haberme creado varón, sin desear ser otra cosa. Y si soy mujer, debo poder verme como mujer, aceptarme y agradecer a Dios por haberme creado mujer, sin desear ser otra cosa. Todos demos gracias a Dios.

Preguntas sobre el capítulo 1

1. ¿Qué cosas nuevas ha aprendido usted en este estudio de Génesis 1–2?
2. ¿Por qué es tan importante regresar a los fundamentos bíblicos para la familia?
3. Si no tuviéramos la Biblia, ¿cuál sería nuestra fuente de autoridad para la familia?
4. ¿Qué significa el que el hombre así como la mujer reflejan la imagen de Dios?
5. ¿Cómo puede ayudar este estudio a una persona —hombre o mujer— que tenga una imagen muy pobre de sí misma?
6. ¿En qué sentido ejerce la mujer señorío y dominio en la tierra?
7. Un gran problema en muchos hogares es que el esposo piensa que su esposa es su sierva. ¿Cómo ayuda el concepto de "ayuda idónea" a corregir este extremo?
8. ¿Cómo ayuda este pasaje a elevar el concepto del sexo?

CAPÍTULO 2

Machismo, hombría y el esposo cristiano

Acosada por fuerzas negativas de todos lados, la familia contemporánea sufre hoy de una parálisis reflejada en su identidad y función. Esto afecta directamente al papel del hombre cristiano, quien ha de mostrar al Cristo resucitado a través de su persona y conducta. ¿De dónde vienen los modelos, los ideales que sirven para forjar al esposo cristiano? Ciertamente, los expertos se encuentran sofocados por su propia confusión, y en ningún sentido existe un consenso secular. Algunos elementos del movimiento de la liberación femenina han criticado legítimamente ciertas actitudes masculinas tocantes a su autoconcepto como hombre, así como su trato y maltrato de la mujer. Pero ¿seguiremos estas corrientes para orientarnos? La mayoría de los varones en su temprana edad adulta no leen libros para adquirir sus ideales. Los captan de los ejemplos que les rodean, y particularmente el modelo demostrado por el padre, esté él presente o ausente del hogar. Además, ya se comentó en la Introducción a este libro acerca de los patrones para ser hombre que provienen de las raíces de la cultura hispanoamericana.

El problema más grande es la crisis del ciclo vicioso. Si la mayoría de los modelos no cumplen con las normas cristianas, entonces las generaciones venideras seguirán con los modelos conocidos. Lo que se necesita con urgencia es el rompimiento del ciclo negativo. Y solo la ética cristiana sirve para neutralizar el ciclo. En conversaciones con muchos jóvenes próximos a casarse, encontramos una incertidumbre tocante al papel del futuro esposo. No desean ser el hombre macho, ni quieren ser varones pusilánimes. Algunos esposos temen que si se mojan las manos lavando los platos, o si alguien les encuentra fregando el piso, perderán su masculinidad. ¡Y peor si tuvieran que cambiar los pañales de su hija!

La belleza de la enseñanza bíblica tocante al hombre y su función dentro del hogar es su aplicabilidad a toda cultura. Las normas son relativamente pocas, pero ¡qué normas! Al retornar a examinar la Biblia, aun con nuestras perspectivas culturales y personales, encontraremos patrones que no solo obedecen las Escrituras, sino que también funcionan hoy día.

Un gran porcentaje de los problemas hogareños surgen a raíz de la falta de funcionamiento cristiano del esposo. O no supo, o no quiso, tomar el liderazgo sensible, o como resultado de una crisis perdió su liderazgo de golpe; o tal vez por falta de iniciativa y cuidado, poco a poco entregó toda dirección a la esposa o hijos. Pero ¿qué dice la Biblia tocante al esposo?

El estudio de dos pasajes claves, Efesios 5:21–33 y 1 Pedro 3:7, revela los principios aplicables a nuestro hogar.

Primer principio: **El esposo cristiano ha de ofrecer liderazgo para el hogar**

¡Suena tan sencillo, pero su realidad es tan complicada! Además, a muchos esposos les encanta afirmar que ellos son los líderes máximos del hogar, casi como si fueran microdictadores, o por lo menos mini-caudillos. Hay esposos que tienen como su versículo bíblico favorito: "Las casadas estén sujetas a sus propios maridos… porque el marido es cabeza de la mujer" (Ef. 5:22–23); sin embargo no leen cómo se compara Cristo y su Iglesia a la relación entre esposo y esposa en el mismo pasaje.

Pablo afirma que el hogar necesita de un gobierno interno, y muchos sugieren que por orden de creación, el esposo ha de ofrecer un liderazgo global para el hogar. Pero esta relación de cabeza refleja la relación de Cristo y su Iglesia. Es una cabeza que se sacrifica hasta la muerte. Tal enseñanza coloca el cuadro de la sumisión de la mujer en un marco equilibrado. No hay lugar para el maltrato y el menosprecio del esposo hacia la esposa.

El término "cabeza" en el griego del Nuevo Testamento se aplica varias veces a Cristo. Aquí menciono cuatro pasajes claves:

Efesios 4:15–16
Colosenses 1:17–18
Colosenses 2:8–19
Efesios 1:21–22

Aquí Cristo es la cabeza, pero es una cabeza que ama, sirve, unifica, nutre, comparte. La idea no es de una actitud autoritaria en que se abusa del poder. Ser cabeza implica honor y responsabilidad. Al aplicar este concepto al matrimonio encontramos un liderazgo muy especial, pero realizable a la vez.

Segundo principio: El esposo tiene la responsabilidad de amar a su esposa

Pablo trata el tema de la relación sumisión-cabeza en solo tres versículos, pero le dedica el doble al amor proveniente del esposo para su esposa. Este segundo principio de nuevo equilibra el concepto de ser cabeza del hogar. En lenguaje muy claro Pablo afirma: "Maridos, amad a vuestras mujeres", y "así también los maridos deben amar a sus mujeres", y finalmente, "por lo demás, cada uno de vosotros ame también a su mujer". Curiosamente, en ningún pasaje bíblico aparece el mandato de amar al esposo, dirigido a la esposa. Solo en Tito 2:4 Pablo dice que las señoras mayores de edad deben enseñar a las esposas jóvenes a amar a sus maridos y a sus hijos. Pero Pablo sí tiene que recalcar al esposo que él debe amar, y con el imperativo, "amad". La forma del imperativo tiene dos énfasis: el primero dando la idea de "comenzad a amar", y el segundo, "continuad amando". Ningún esposo ha de escaparse de este mandamiento.

El amor del cual Pablo habla aquí es del *ágape*, amor de sacrificio, que da sin esperar que le devuelvan el amor. Es amar sin requisitos, sin demandas. Pero lo bello es que el que ama así será recompensado más allá de su propio amor. Tales son los misterios del matrimonio bañado en amor. Pablo explica que este amor es similar al amor de Cristo a su Iglesia. Noten los términos descriptivos del amor de Cristo, y apliquenlos a su matrimonio: Cristo se "entregó a sí mismo por ella", "para santificarla", "habiéndola purificado", "a fin de presentársela a sí mismo gloriosa", "sin mancha ni arruga", "santa". ¡Qué fabuloso, y casi demasiado alto para alcanzar en esta tierra! Pero el punto paulino aquí es que ningún esposo debe sentir que el amar es cosa sencilla, breve y rápida. Es algo para toda la vida.

Indiscutiblemente, el liderazgo de Cristo y su amor tienen aplicaciones espirituales dentro del hogar mismo. Creo firmemente que todo esposo debe ofrecer liderazgo espiritual en el hogar, demostrando no solo una íntegra vida cristiana, sino dirigiendo también el desarrollo espiritual del hogar. Esto se demuestra a través de la oración familiar (¡qué difícil es esto!), las conversaciones acerca de temas espirituales, el estímulo a la lectura de la Biblia y el fortalecimiento en la vida cristiana familiar. Esto es también tarea del esposo.

El segundo comparativo del amor es "como a sus mismos cuerpos". Cuanto más meditamos sobre esta verdad, más aplicable la vemos. Todo hombre se cuida a sí mismo, aunque no tenga la figura ni la musculatura de un "Supermán". Nos alimentamos, nos protegemos de los elementos, nos cuidamos al cruzar las calles, en fin, nos amamos a nosotros mismos. Pablo usa dos términos en el versículo 29 para calificar este amor. El primero es "sustentar", y en griego tiene la idea de proveer todo lo necesario para un buen desarrollo físico, material y normal. El segundo, "cuidar", tiene otra idea, la de calentar con el calor físico. El enfoque está en la dimensión romántica dentro del matrimonio. ¡Cuántos maridos cristianos hay que hace años no les dicen a sus esposas que las aman! A propósito, usted que lee este libro, ¿cuándo fue usted y le dijo a su esposa, con palabras dulces, significativas y románticas: "Te quiero profundamente"?

Y para que no se nos olvide, al concluir esta sección de su carta, Pablo nos recuerda en el versículo 33: "Por lo demás, cada uno de vosotros ame también a su mujer como a sí mismo".

Muchos esposos tienden a dejar este amor en las nubes, sin tocar tierra matrimonial. Más adelante se sugieren algunas ideas prácticas para ayudar a la comunicación entre esposos tanto global como sexual. Por ahora recomendamos lo siguiente. Primero, exprese su cariño a través de hechos pequeños pero cargados de significado. Por ejemplo, al ver a su esposa muy cansada, ¿por qué no ayudarla en algunas tareas que tal vez se consideran "cosas de mujeres"? Pruébelo. Segundo, exprese su amor en actos tangibles. Por ejemplo, trayéndole una rosa u otra flor favorita. No tiene que ser un ramo enorme ni caro. Sea sencillo y real. Tercero, sin necesidad de un gran tiempo prolongado para el amor, dele un pequeño "toque" de amor, o un pequeño abrazo. Cuarto, nunca olvide que las palabras dicen mucho. En formas variadas, y manteniendo la frescura del caso, asegúrele a su esposa que usted la aprecia, la quiere, la necesita, la respeta, la escucha, la ama.

Tercer principio: **El esposo cristiano vive sabiamente con su esposa**

Tenemos que buscar en 1 Pedro 3:7 para encontrar el texto clave:

Vosotros, maridos, igualmente, vivid con ellas sabiamente, dando honor a la mujer como a vaso más frágil, y como a coherederas de la gracia de la vida, para que vuestras oraciones no tengan estorbo.

Pedro, hombre casado, hablaba de su experiencia y también bajo inspiración divina. Habiendo dedicado la primera parte del capítulo a las esposas, ahora en escuetas pero directas palabras, se dirige a los esposos. La idea de "vivir sabiamente" viene de un vocablo griego que significa "formar un hogar conforme al entendimiento y comprensión". Pedro reconoce que un gran error de parte del esposo es el de *no* entender a su esposa. Yo llevo ahora treinta y cinco años de matrimonio con mi esposa, y si le añado los cuatro previos de noviazgo, me estoy acercando a las cuatro décadas de conocerla. Ahora, sí, ahora estoy entendiendo algunos de sus aspectos más profundos. Cuanto más vivo con ella, y más conozco a sus padres, más la entiendo. Todos somos el producto de un tremendo conglomerado de caracteres psicológicos, intelectuales y físicos, provenientes tanto de nuestra estructura genética como de nuestro medio ambiente. Y es dentro del matrimonio, que ha de ser para siempre, donde un hombre y una mujer comienza a entenderse, apreciarse y amarse "viviendo sabiamente". Esposos, lectores de este libro, les alentamos a sentarse para tratar de entender el porqué sus esposas piensan, dicen y hacen ciertas cosas. Tenemos que entender su personalidad, teniendo en cuenta que ella es una mujer, persona creada a la imagen de Dios, que ella es un individuo singular y precioso, y que trae todo su pasado generacional al hogar. Y lo mismo lo trae el hombre.

Pedro nos insta a rendir honor a nuestras esposas. La idea de honor aquí es la de "calcular el precio", o de "valorar". ¿Por cuánto vendería usted a su esposa? ¡Ridículo! Pero debemos valorarla, reconociendo también que es un vaso más frágil. Esta expresión en ningún sentido significa que la mujer es débil, o inferior. Pero la mujer en su estructura física generalmente no tiene la fuerza del hombre. El hombre muchas veces es más brusco, y la mujer más sensible. La fragilidad se refiere a una preciosidad personal y emocional. También le damos honor porque ellas son coherederas de la gracia de la vida. En Cristo ya no hay ni hombre ni mujer, y no hay ningún lugar para que el hombre se considere espiritualmente superior a su esposa. En verdad, el esposo sabio reconoce que su esposa tiene una percepción singular de las cosas de Dios, y muchas veces ella tiene la razón y el mejor pensamiento y la mejor conclusión tocante a un tema bíblico o general. Su sabiduría es práctica y bien razonada, y el esposo sabio la escucha con cuidado.

Concluye el apóstol advirtiendo que si no vivimos sabiamente con la esposa, nuestra vida espiritual sufre. Creo que todo marido reconoce que si no está en comunión con su esposa, difícilmente lo estará con el Señor. Hace tiempo atrás conversaba con una pareja que estaba a punto de separarse, aunque curiosamente cada uno decía (aparte) que entre él, o ella, y el Señor todo marchaba estupendamente bien. Es imposible creer tal ingenuidad. A Dios gracias, a través de la orientación matrimonial los dos llegaron a reconocer que se estaban autoengañando. Si deseamos una comunión con Dios, y los dos somos cristianos, tenemos que estar en comunión los unos con los otros. Lea 1 Juan 1:6–7 a la luz del hogar y aprenda unas nuevas y preciosas lecciones.

> Si decimos que tenemos comunión con él, y andamos en tinieblas, mentimos, y no practicamos la verdad; pero si andamos en luz, como él está en luz, tenemos comunión unos con otros, y la sangre de Jesucristo su Hijo nos limpia de todo pecado.

Unas conclusiones

No es fácil ser un buen esposo cristiano hoy día. Pero si deseamos que Dios bendiga nuestro hogar; si deseamos un hogar cristiano, entonces, como maridos creyentes, tenemos que seguir los pasos decisivos para funcionar como Dios quiere que funcionemos. El esposo ha de ofrecer y demostrar el liderazgo necesario para el bienestar de la familia, y aunque el esposo no sea cristiano sigue siendo la cabeza del hogar.

Maridos, he aquí unas sugerencias para fortalecer nuestro liderazgo en el hogar. En primer lugar, *desarrollemos un ministerio de oración personal a favor de nuestra familia*. Debe ser algo espontáneo que se experimente en cualquier hora del día y en cualquier lugar. Debe ser una oración "programada" también. Un amigo nos enseñó el plan de las ocho tarjetas:

Una tarjeta para cada día de la semana, y una que se llama la tarjeta diaria. En la tarjeta diaria van las peticiones más importantes de la vida, encabezada por peticiones que tienen que ver con la familia. Por éstas se ora diariamente. En las otras siete se distribuyen las otras peticiones. Uno puede guardar en su Biblia las ocho tarjetas que se combinan con un tiempo de lectura y reflexión en la Biblia.

El esposo cristiano ora por su esposa, por su comprensión de ella, para saber cómo vivir sabiamente y cómo amarla, y cómo ofrecer liderazgo espiritual. Oramos por los niños y por su futuro, por las decisiones más importantes de la vida que ellos harán, por su conversión a Cristo y su crecimiento en Él, por sus futuros cónyuges, si Dios quiere que se casen.

Segundo, *asegúrense de que su esposa tenga la primera prioridad en su vida, aun sobre los niños*. Si usted la ama bien a ella, el amor fluirá fácilmente a los hijos. Pero si demuestra favoritismo por los niños sobre ella, tendrá problemas. Recordamos a un amigo cristiano que se casó con una magnífica señora cristiana. El primer niño nació a los dos años de matrimonio, y ellos se sintieron jubilosos con su varón. Pero surgieron unas tensiones que gracias a Dios se solucionaron por medio de la consejería. Resulta que el esposo al llegar a casa del trabajo primero iba a la cuna de su hijo para besar y acariciar al niño, y después daba atención a su esposa. Ella comenzó a resentirse por ese cambio de afecto. Después de hablar con el esposo, la sugerencia fue fácil: el cambio sencillo del primer beso. ¿Resultado? Problema resuelto y amor restaurado.

Tercer lugar, *asegúrese de que usted no le dedica demasiado tiempo al trabajo*. Esta es una de las quejas más grandes de esposas cristianas: "Mi marido es un buen cristiano, pero le dedica más horas e interés al trabajo que al hogar". La queja es justa, y muchos esposos quienes nunca serían sexualmente infieles a su esposa, casi tienen una segunda esposa: su trabajo. Recordamos el caso de un pastor evangélico que, casualmente, en una conversación mencionó que estaba fuera del hogar el 90% del mes, "sirviendo al Señor". Fue fácil pronosticar problemas serios dentro de pocos años en su hogar. Al preguntar a esposos ya grandes en edad: "Si pudieran comenzar su hogar de nuevo, ¿qué cambios harían?", la mayoría dice: "Pasaría más tiempo con la familia".

En cuarto lugar, *es sabio que hombres cristianos desarrollen amistades con otros hombres cristianos con quienes puedan compartir su vida en Cristo, las necesidades de la familia, el trabajo y otras áreas.* Es un estímulo al discipulado mutuo en Cristo, y una ocasión para orar seriamente al Señor por las necesidades expuestas. Yo, Guillermo, doy gracias a Dios por un pequeño grupo de amigos varones con quienes me reúno regularmente. Han sido un gran estímulo en la vida cristiana, y en ningún sentido han desviado mi atención y amor por mi familia. Más bien me han ayudado a ser mejor esposo y padre.

En quinto lugar, *nunca dejen de crecer como hombres intelectual, emocional y espiritualmente.* Esto significa, entre muchas otras cosas, un programa de lecturas, estudio, visitas a museos, conciertos, más allá del deporte. Claro, mucho de esto se puede hacer en familia o con la esposa. Pero nunca debemos creer que ya hemos llegado, y que no podemos crecer más.

Damos gracias a Dios por el movimiento iniciado en Norte América que se puede traducir como "Hombres que mantienen sus promesas". Este ministerio ha "viajado" por todos nuestros países de habla castellana. Aunque el movimiento necesita ser adaptado más a la realidad de la familia y el hombre hispano, ha contribuido para fortalecer lo que significa ser "hombre cristiano" hoy día. Muchos de sus conferencistas han apuntado con certeza las necesidades varoniles, y han ayudado a los hombres a ponerse más en contacto con sus emociones, así como sus responsabilidades como esposos y padres de familia. Tal vez la lección más grande que sacamos del movimiento es la urgente necesidad que los hombres tienen de amistades de calibre y peso, que nos ayudan a vivir una vida integrada, sustancial y auténticamente cristiana.

Ahora, amigo mío y esposo cristiano, ¿cómo te va en el hogar? ¿Estás proveyendo el liderazgo en amor? ¿Estás tomando la iniciativa para proveer una dirección espiritual para tu familia? ¿Quién es el que dice: "Vamos a leer la Biblia y orar"? ¿Quién toma la iniciativa para averiguar la condición espiritual de los niños? ¿Quién toma el tiempo para dedicarse a charlar informalmente con la familia acerca de la vida, el estudio, el trabajo, el hogar? Los dos deben hacerlo, esposo y esposa.

Cabe aquí una palabra para las esposas. Ustedes han de estimular (sin regañar) a esposos para que tomen la iniciativa y el liderazgo en el hogar. Algunas dirán: "Es que usted no conoce a mi marido. Él es débil y quiere que yo dirija el hogar". Pues sí, tiene razón, no lo conocemos, pero no se puede negar que hay esposas que gradualmente han estimulado a su esposo a tomar el liderazgo, y le han "entregado las riendas". No es fácil cambiar, pero una sabia esposa con tacto puede provocar cambios progresivos en el hogar.

Finalmente, unas palabras a las señoritas. Pocas, probablemente, leerán este libro, pero les animamos a buscar un esposo al que valga la pena amar y seguir. Muchas veces preguntamos a una joven a punto de casarse: "¿Respetas a tu futuro esposo como líder espiritual?" Si ella no lo respeta, es fácil profetizar problemas para el futuro hogar. En cierto caso hubo una señorita que acusaba a su novio de ser irresponsable en las finanzas. El problema siguió en el matrimonio, hasta que al fin ella reconoció que nunca le había demostrado confianza en esta área. Señoritas, busquen a un esposo que tenga las cualidades claves del esposo cristiano.

Epílogo al capítulo

La primera versión de este capítulo sobre el hombre cristiano fue escrita durante unos días de vacaciones de nuestra familia cuando los niños eran más pequeños. Gozando de la belleza incomparable del lago Atitlán en Guatemala, habíamos pasado un día magnífico como familia. Era domingo, y aunque estábamos lejos de nuestra iglesia, decidimos tener un tiempo especial aquella tarde. En realidad, fue mi esposa quien sugirió que sería bueno que tuviéramos un rato de alabanza con la familia, rodeado de esa preciosa naturaleza.

Comenzamos escuchando grabaciones de música cristiana contemporánea que a todos nos gustaba, y en los cantos que conocíamos, todos formamos un coro adicional, papá, mamá, Cristina (11 años), David (9) y Stephanie (5). Sentados ante una calurosa fogata, sentimos la presencia del Señor con nosotros. Yo les había dicho antes que íbamos a leer pasajes bíblicos favoritos de todos, y así comenzamos. Mi esposa, Yvonne, leyó Jeremías 29:11–13:

> Porque yo sé los pensamientos que tengo acerca de vosotros, dice Jehová, pensamientos de paz, y no de mal, para daros el fin que esperáis. Entonces me invocaréis, y vendréis y oraréis a mí, y yo os oiré; y me hallaréis, porque me buscaréis de todo corazón.

Los demás, menos la pequeña, colaboraron, dialogando acerca de los pasajes, y entre pasajes. Fue un tiempo especial. No sé cómo fue, pero el tema comenzó a girar alrededor de la Segunda Venida de Cristo. Allí sí que surgieron las preguntas de los niños. Yvonne y yo tuvimos que utilizar todos nuestros conocimientos bíblicos para contestarles. De repente, la chiquita preguntó: "¿Y vamos a ver a Jesús de verdad?" Al contestarle que sí, ella exclamó: "¡Qué estupendo!", y regresó a las reflexiones internas, propias de su edad. Después de un largo rato de conversación, concluimos con oración, dando gracias a Dios por el lugar, el día, las actividades y la convivencia espiritual, pidiendo a Dios que nos diera más oportunidades para gozar del mismo modo.

Aquí terminó todo, o por lo menos así lo pensaba yo. Me tocaba a mí esa noche lavar los platos y limpiar la cocina mientras Yvonne terminaba de coser un vestido nuevo para Cristina. Llegó David a la cocina y dijo: "Papá, ¿puedo hacerte una pregunta difícil?" "Pues claro que sí". "¿Cómo es que todo el mundo va a ver a Jesús a la misma vez en su Segunda Venida?" ¡Qué pregunta! Traté de contestarla, y en eso Yvonne ofreció una posible sugerencia en la sala. Y continuó el diálogo teológico.

Gracias a Dios por oportunidades como éstas, en las que se utiliza el tiempo para conversaciones que sí valen la pena, y por el ambiente de la familia cristiana que permite esta dinámica.

Preguntas sobre el capítulo 2

1. ¿Cuál es el origen y cuáles las manifestaciones del machismo en nuestro medio?
2. ¿Cómo podemos romper el "ciclo vicioso" que se ha mencionado?
3. ¿Cómo puede haber liderazgo por parte del esposo sin abuso del poder?
4. ¿Qué se puede hacer en el caso de un esposo que no desea ofrecer liderazgo moral ni espiritual ?
5. ¿Por qué será que la Biblia manda al esposo amar a su esposa, pero no manda a la esposa amar al esposo?
6. ¿En qué maneras puede un esposo demostrar amor a su esposa?
7. ¿Cuándo fue la última vez que usted le dijo a su esposa que la amaba?
8. ¿Qué significaría en cosas prácticas "vivir sabiamente" con ella?
9. ¿Qué significa que la esposa sea el "vaso más frágil"?
10. ¿Cuánto tiempo semanal le dedica usted exclusivamente a su esposa? ¿Cómo lo hace?
11. ¿Qué están haciendo juntos para crecer intelectual y espiritualmente?
12. ¿Cómo resumiría usted lo que la Biblia dice del esposo cristiano?

CAPÍTULO 3

Asuntos específicos que influyen en el papel del esposo

Entrando al tema

En la vida moderna el esposo encuentra muchos más retos para cumplir con su papel de los que tradicionalmente se encontraban algunas décadas atrás. Los avances en la tecnología, las distintas demandas de tiempo, recursos y conocimiento han hecho que el papel del esposo en la sociedad contemporánea sea mucho más difuso y definido con menor claridad.

Como si esto fuera poco, la sociedad pone demandas contradictorias sobre el hombre, por ejemplo le demanda ser un hombre sensible y compasivo, capaz de ponerse en contacto con sus sentimientos y con los de su esposa, y al mismo tiempo le demanda que en el medio de trabajo sea competitivo, agresivo e incluso insensible para poder así alcanzar el éxito profesional u ocupacional.

Muchos hombres en nuestra sociedad se sienten atrapados en estas demandas contradictorias. Ven alrededor y encuentran muy pocas o ninguna opción para afrontar los retos que se les presentan. Otros han optado por evadir su responsabilidad, lo cual es mucho más fácil a pesar de que esto los aísla o les impide disfrutar de las relaciones afectivas que podría desarrollar con las personas importantes en las diferentes áreas de sus vidas.

El Dr. Rodney Cooper, en su libro "Double bind" [Norma doble] publicado en 1996, considera que el problema que el hombre vive hoy día tiene que ver con la carencia de una identidad definida como hombres. La mayoría de los hombres hoy día derivan su identidad de lo que hacen (su carrera o trabajo), de las conexiones o contactos que poseen, o de sus posesiones materiales. Desgraciadamente muchos de ellos también crecieron sin una figura masculina de quien aprender el papel de como ser hombre o si había un hombre en la casa éste estaba demasiado ocupado que era casi como no tenerlo.

Esta falta de identidad como hombre hace que las otras áreas de su vida se vean también afectadas, áreas como física, sexual, espiritual, emocional y las relaciones interpersonales. La falta de identidad coloca al hombre en una situación desesperada.

Entre la espada y la pared

En el trabajo de consejería se ha puesto de evidencia que muchos hombres están sufriendo debido a los falsos conceptos con los que nuestra cultura vive.

Nuestra sociedad considera al hombre como exitoso si él es completamente independiente de todo y de todos. Como resultado de esta expectativa se ven privados de cualquier tipo de comunión genuina. Se espera que sean buenos para que los demás dependan de ellos, sin embargo, ellos deben ser independientes de todo el mundo. Pedir ayuda es visto como una característica poco masculina, y esto se pone en evidencia hasta en niveles risibles como pedir ayuda para encontrar una dirección o reconocer que uno se ha perdido.

Otro aspecto que se utiliza para medir si el hombre es exitoso tiene que ver con su nivel de productividad y eficiencia. Se espera que el hombre trabaje cada vez más duro.

La sociedad también espera que el hombre esté ensimismado en sus propios intereses: Debe estar orientado a alcanzar sus metas y nada debe de interponerse en su camino.

Se espera en nuestra sociedad que el hombre no demuestre sus emociones, que sea capaz de bloquear sus emociones debido a que reconocerlas le impide enfocarse en sus metas y lo hace lucir como débil o como un hombre de segunda clase.

Esto no implica que dichas características sean totalmente nocivas. De hecho, muchos hombres necesitan ser independientes, productivos, eficientes, tener una meta clara y controlar sus emociones para poder sobrevivir en su carrera. Sin embargo, el problema es que socialmente el hombre recibe aprobación por suprimir sus sentimientos y no demostrar emociones y al mismo tiempo es exactamente lo que necesita para poder establecer relaciones afectivas. Para sobrevivir en el mundo del trabajo el hombre aprende a reprimir la mayoría de sus sentimientos que puedan poner en evidencia su vulnerabilidad, lo cual le impide desarrollar relaciones afectivas de profundidad con su familia, con su esposa y en especial con otros hombres.

Cuando el hombre vive en una sociedad agraria, los agricultores muchas veces se asocian y se ayudan los unos a los otros en los proyectos mayores, lo cual permite que desarrollen relaciones debido al sentido de comunidad que el trabajar juntos les proporciona. Esto desgraciadamente no se ve en las grandes ciudades.

Este aislamiento ha hecho que los hombres sean los más propensos a problemas emocionales y ocupen el primer lugar en la incidencia de suicidio.

El hombre muy frecuentemente se encuentra atrapado entre "la espada y la pared". Atrapado entre lo que se le enseñó cuando niño sobre como ser hombre y lo que ahora se espera de él como adulto. Está atrapado entre sus necesidades internas y la negación de esas mismas necesidades que la sociedad impone sobre él. Constantemente tiene que luchar en contra de las demandas contradictorias que psicológica, espiritual, emocional y físicamente fragmentan su persona. Recientemente yo (Sergio) tuve la oportunidad de estar trabajando en consejería con un estudiante universitario quien había recientemente terminado su noviazgo. Sus palabras me decían "sí, la echo de menos, pero ya sabes como somos los hombres, nosotros seguimos adelante sin que estas pequeñas cosas nos afecten". A pesar de estas palabras, su expresión facial y su voz que se quebraba lo delataban y revelaban el intenso dolor por el que él pasaba al perder a su novia de varios años. En su mente los hombres no sienten, no experimentan dolor y debido a que él estaba experimentando todas esas emociones y a la vez es un varón, toda su energía física y emocional estaba siendo usada en negar el hecho de que perder a la novia causa un dolor muy profundo en su corazón y que dan deseos de llorar.

Para poder sobrevivir, la mayoría de hombres se ven forzados a funcionar en una forma mecánica, alejándose emocionalmente, aparentando estar calmados, controlados, defensivos y sin involucrarse en lo que sucede a su alrededor. Esto les lleva a experimentar una vida sin pasión ni gozo, les conduce a convertirse en pasivos o en personas sumamente agresivas. La ira llega a ser parte muy importante de sus vidas, ya que es la única emoción que legítimamente se les permite expresar.

Estas frustraciones que causan el estar atrapados lleva al hombre a tener ataques de ira causados, al parecer, por causas irracionales, pero estas causas son realmente solo la gota que derrama el vaso. Después de tanta frustración terminan explotando y sobre reaccionando ante un estímulo que al parecer no justifica la reacción.

Los hombres que han relegado su lado tierno a un segundo plano, se han negado a sí mismos una parte que es esencial para poder disfrutar de la vida. Muchos hombres pueden vivir de esta manera por cierto tiempo, especialmente cuando son jóvenes, hacerle frente con constancia y determinación. Sin embargo, entre más tiempo pasa y se vuelven mayores su energía disminuye y principian a perder el gusto por la vida. Se convierten en algo muy similar a una máquina, con la pérdida de energía empiezan a carecer de espontaneidad y sus vidas carecen de la chispa y de emoción.

Una de las expectativas que se tienen de un hombre es que siempre tiene que estar listo como un jugador para responder a la jugada. Como resultado muchos hombres desarrollan síntomas de ansiedad y constante tensión por estar tratando de responder a las demandas de su trabajo y del hogar. No hay tregua en el papel de ser proveedor, el trabajo se convierte en el centro de la vida. Es muy probable que ésta sea la razón por la cual muchos hombres casi adoran los deportes. Cuando están viendo un juego se pueden dar permiso para relajarse, ser espontáneos sin ser juzgados por ello.

Los hombres que carecen de espontaneidad también carecen de la habilidad para relaciones estrechas. Es casi como si una alarma sonara cada vez que se están involucrando demasiado en una relación afectiva. Temen que si se involucran demasiado esto les hará ser dependiente de esa persona y debido a eso no dejan que esta persona se acerque lo suficiente. Lo más lastimoso es que muchas veces incluyen a su pareja. Otro problema es que para tener relaciones afectivas profundas deben poder experimentar empatía.

Empatía es la habilidad espontánea para entender a otras personas cuando éstas están sufriendo. También para estar accesible para ayudarles en su proceso de dolor. Es poder quitarme mis propios lentes y ponerme los de la otra persona y ver la vida a través de esos lentes. Empatía no es lo mismo que simpatía. Simpatía es cuando veo a alguien ahogándose y yo salto y me ahogo con ella. Empatía es cuando veo a una persona ahogándose y yo me paro a la orilla de la piscina, me doy cuenta de la situación de la persona y le lanzó un salvavidas. Empatía es estar en una posición en la cual puedo ayudar al otro.

Otro resultado de apagar esta área sensible de la vida es que afecta la vida afectiva del hombre. Cuando pequeño el hombre aprende que tocar, abrazar y todas las expresiones físicas de afecto son para las niñas. No es una conducta masculina el besar, abrazar, acariciar, etc. Sin embargo cuando el muchacho se convierte en hombre se espera que sea amoroso capaz de demostrar su afecto en el ámbito físico y pronto se da cuenta de que involucra la habilidad para disfrutar libremente el ser tocado, acariciado y de expresar afecto físicamente.

En este punto muchos hombres se encuentran atrapados en una disyuntiva. Como hombre se siente incómodo con las demostraciones afectivas. Debido a esto su pareja puede verle como frío, hosco, insensible y no muy orientado a lo sensual. Si él trata de ser tierno, se ve como algo forzado a los ojos de su pareja y él mismo no se siente cómodo haciéndolo. Esto puede incluso inhibir sus respuestas sexuales, ya que está tratando de ser alguien diferente de quien él realmente es. Esto planteará dudas en su mente acerca de su propia habilidad para ser cariñoso y poder satisfacer las necesidades afectivas de su esposa. Aquí se ve nuevamente atrapado en la trampa de fingir, ya que su principal meta es complacer a su esposa, pero personalmente él se siente fuera de lugar al hacerlo.

Muchos hombres se sienten incómodos con demostraciones

afectivas físicas como abrazar, besar o acariciar debido a que esto demanda que ellos usen el lado tierno de su persona, el cual ha sido silenciado y ha estado fuera de uso por muchos años. De repente ellos se ven forzados a usar esta área y muchos ni siquiera pueden encontrarla dentro de sí mismos.

El área sexual toca asuntos muy sensibles para la identidad del hombre. Se quiera admitir o no, socialmente mucho de la capacidad del hombre se vincula con su función sexual. Si un hombre tiene problemas en esta área generalmente se sentirá inferior como hombre. Debido a esto algunos hombres pueden buscar satisfacción a su vida sexual en la pornografía, lo cual es mucho más sencillo, aunque los introduzca a todo un mundo prohibido y decadente. Las mujeres con quienes tienen fantasías al involucrarse en pornografía no ponen demandas sobre ellos ni tienen que ser satisfechas emocionalmente.

En Guatemala existe una marca de cigarrillos que se promueve como "solo para ganadores". Esta es otra área en la cual el hombre contemporáneo encuentra mensajes contradictorios de la sociedad.

El miedo al fracaso puede destruir a un hombre. Puede incluso impedir que descubra lo que realmente desea en la vida por que el temor a lo que no desea es mucho más fuerte. Esta es probablemente una de las razones más poderosas que impiden que los hombres vayan a consejería con sus esposas. Tienen miedo de que alguien les diga que han fracasado, temen que alguien les diga que tienen que hacer cambios en sus vidas. Recientemente un amigo me decía que en el tablero de controles de su vehículo se encendía constantemente una luz roja, la cual decidió ignorar, ya que consideró que lo que estaba indicando era que había un circuito haciendo mal contacto. Dos días más tarde se dio cuenta de que lo que la luz estaba diciéndole era que el vehículo no tenía aceite, sin embargo, cuando se dio cuenta era ya muy tarde y el daño al vehículo ya era irreparable. Algo así sucede a muchos hombres que deciden ignoran las luces del tablero, los pequeños síntomas que evidencian problemas en su relación familiar, cuando el vehículo finalmente se detiene es porque necesita una reparación mayor y ya no es algo simple.

Muchos hombres pasan por la vida sin aprender a cooperar. La mayoría de hombres prefieren solo competir y esto provee una visión distorsionada del mundo y la vida. En el mundo competitivo de un hombre la masculinidad se basa en cosas que se pueden cuantificar como su sueldo, el carro que maneja, la zona en la que vive, la posición que tiene socialmente o en la empresa. Aún en la vida afectiva esto tiene repercusiones ya que la define en términos de cantidad. La esposa puede decir: "tú nunca dices que me amas", el esposo responde: "no te compré la lavadora que querías, y además te di dinero para que te compraras un vestido nuevo? ¿Qué más tengo que comprarte para que seas feliz?".

Cuando el temor al fracaso de un hombre se vuelve más fuerte que su deseo de superación y crecimiento, es entonces cuando una bomba de tiempo psicológica principia a funcionar. Los éxitos del pasado no importan, aunque hayan sido enormes, estos no proveen al hombre el estímulo y consuelo que necesita, que es alcanzar el éxito hoy.

Todas estas situaciones llevan al hombre a una crisis de identidad la cual se complica mucho más por la falta de modelos masculinos con los que la mayoría de hombres han crecido.

Formando la identidad masculina

Las investigaciones, incluso seculares, dicen que los varones aprenden desde muy temprana edad a presentarse como rudos y fuertes muchas veces debido a los mensajes que reciben a su alrededor. Aprenden a no dar demostraciones de afecto a otro varón. Generalmente los padres (varones) dejan de abrazar y besar a su hijo alrededor de los años antes de que éste llegue a la adolescencia. Después de esta etapa, ningún hombre lo tocará excepto para darle un apretón de manos. La única forma en la que un muchacho recibe aprobación de su padre es a través de sus logros. Esta formación los está condicionando a funcionar de cierta forma que le impide aprender a establecer relaciones interpersonales saludables incluso con sus seres queridos. Mucha de esta aprobación se convierte en algo condicionado a ser exitoso.

El modelo bíblico parece ser tan diferente de lo que se está observando en nuestros tiempos, en el Antiguo Testamento un hombre no podía ser líder de su familia sin recibir la bendición de su padre. El padre "imponía sus manos" sobre el hijo como una manera de darle su aprobación por lo que el hijo era, independientemente de lo que había logrado. Esta era una forma tangible en la cual el hijo podía sentir el apoyo y la aprobación de su padre. Era una forma de capacitar al hijo para que cumpliese su llamado y propósito en la vida.

Resulta muy interesante ver la bendición que Jesús recibió de su Padre Celestial al inicio de su ministerio. Mateo 3:13-17 describe como Jesús fue bautizado por Juan el bautista y como una voz vino del cielo que dijo: "Este es mi hijo amado en quien tengo complacencia". Cooper describe que los mismos elementos que se encuentran en esta bendición son los elementos de los cuales la mayoría de los hombres contemporáneos están careciendo.

1. Esta bendición comunicó una manifestación clara y pública de quien Jesús era "su hijo". Muchos hombres hoy día no han tenido el privilegio de que su padre se sienta orgulloso de ellos y que lo manifieste en público.

2. Esta bendición también comunicó la relación que Jesús tenía con su Padre. Este era su hijo "amado". El vínculo afectivo también se puso de manifiesto en esta bendición pública. En nuestros días muy pocos varones han escuchado de los labios de sus padres que los aman.

3. Un tercer elemento que se manifestó en esta bendición fue la "complacencia", la satisfacción que Dios el Padre sentía por su hijo. Es interesante que Dios estaba manifestando la aprobación por su hijo aún antes que principiara su ministerio público. Al igual que en los puntos anteriores, esta complacencia enunciada en público es un elemento que muchos hombres de hoy día carece especialmente si aún no han probado con hechos que han tenido éxito en lo que han emprendido.

4. El cuarto elemento de esta bendición es probablemente tan evidente que puede pasar desapercibido y es la presencia del Padre en un acontecimiento tan especial. Muchos hijos hoy día han asistido a acontecimientos importantes de sus vidas (graduación, matrimonio, etc.) sin la presencia de sus padres terrenales.

De una forma muy similar a este acontecimiento en la vida de Jesús, hoy día todo hombre necesita la aprobación de su padre para cumplir el llamado que Dios le ha hecho. Si no lo recibe se sentirá defraudado o privado de algo que era esencial para él recibir.

Otro buen ejemplo es el caso tomado de la Biblia es el de Esaú y Jacob. En el narrativo de Génesis se encuentra la historia de como Esaú perdió su primogenitura y la bendición de su padre. La primera reacción es pensar que Esaú lamentaba haber perdido la riqueza de su padre, sin embargo, Esaú tenía riquezas. Génesis 27:34-36 dicen:

> "Cuando Esaú oyó las palabras de su padre, clamó con una muy grande y muy amarga exclamación, y le dijo: Bendíceme también a mí, padre mío. El le dijo: vino tu hermano con engaño y tomó tu bendición. Y Esaú respondió: Bien llamaron su nombre Jacob, pues ya me ha suplantado dos veces; se apoderó de mi primogenitura, y he aquí ahora ha tomado mi bendición. Y dijo; ¿No has guardado bendición para mí?"

Lo que realmente devastó a Esaú no fue la pérdida de la herencia sino de la bendición de su padre. Como hombres tenemos una tremenda necesidad, dada por Dios, de ser bendecidos y afirmados para así poder cumplir nuestra misión en el mundo.

Esta bendición, de acuerdo a varios escritores (Smalley & Trent, La bendición, 1990) se transmite a través de contacto físico, de palabras de afirmación, de aprobación, de disciplina, de buenos ejemplos, etc.

Las investigaciones han demostrado que los padres que son cariñosos y muestran ternura a sus hijos, no crean hijos afeminados sino hijos que no tienen temor a la intimidad. Hombres quienes conocen su identidad como hombres. Hombres que tienen una identidad definida.

Muchos esposos tienen dificultades en su relación con sus esposas debido a que han crecido en una sociedad que envía mensajes contradictorios y peor aún porque han crecido sin un modelo de padre que les enseñe con ejemplos vivos lo que significa, a la luz de la Biblia, ser un hombre. Por consiguiente estos hombres han crecido sin recibir ni un modelo ni la bendición paterna que tanto necesitan. Esto está impidiéndoles desarrollar los papeles de esposo y padre a los cuales Dios les ha llamado.

Algunas conclusiones

Si usted como hombre adulto nunca tuvo a su alcance los modelos que le permitieran incorporar un modelo cristiano saludable de hombre, no se dé por vencido. Hay muchas cosas que usted. aún puede hacer para poder desarrollar la identidad que Dios quiere que posea.

El Psicólogo sudamericano, Jorge León, en su libro "Cada muchacho necesita un modelo vivo" (Casa Bautista de Publicaciones 1983) desarrolla el principio de los modelos sustitutos. En las generaciones de los últimos años la mayoría de hombres han crecido sin un modelo de hombre cristiano en sus hogares, sin embargo, esto no elimina la posibilidad de desarrollar un buen modelo masculino para sus hijos. Existen modelos a su alrededor, en su iglesia o en su vecindario, modelos de hombres que cuentan con las virtudes que usted desea desarrollar en su propia vida como hombre cristiano. Encontrar esos modelos en otro varón mayor que usted, puede ayudarle a poder desarrollar una mejor identidad como hombre y a proveer el mejor modelo para sus hijos y para aquellos miembros de la generación de sus hijos quienes no tienen en casa un modelo de hombre de acuerdo a las Escrituras.

Otra sugerencia que puede ayudar a aquellos hombres que han crecido sin modelos de padres es que lean más sobre este tema. El reciente movimiento de hombres que se ha iniciado en la mayoría de partes del mundo conocido como "Hombres que mantienen sus promesas" (*Promise Keepers* en los Estados Unidos) han desarrollado mucha literatura sobre este tema. Algunos títulos se encuentran en la bibliografía recomendada al final de este libro.

Algo que puede ser de mucha ayuda también es poder desarrollar relaciones afectivas de amistad con otros hombres de su misma edad. Hombres con quienes usted pueda abrir su corazón y con quienes en forma sistemática pueda reunirse y apoyarse mutuamente en oración.

Al escribir este capítulo mis niños, dos varones, tienen seis y cuatro años de edad. Pocas personas pueden entender las razones por las cuales en este momento de mi vida tengo que ser tan selectivo en el tipo de compromisos que acepto. Les cuesta ver que estos nuevos compromisos ponen demandas sobre el tiempo que como padre yo les debo a mis pequeños hijos. Recientemente se me hizo una invitación para enseñar consejería en una institución cristiana afín al Seminario para el cual trabajo. Al informarles que para mí no era una opción enseñar por las noches, me preguntaron las razones, y cuando les expliqué que ese era el tiempo que puedo pasar con mis niños, me dijeron, "pero ellos tienen a su mamá en casa", evidenciando la dificultad que la mayoría de personas tienen hoy día para entender que el papel del padre es tan importante como el de la madre. Yo les respondí que este (el ser padre de mis hijos) es el ministerio que solamente yo puedo desarrollar. Otros pueden enseñar y hacer consejería pero solo yo puedo ser el padre de mis hijos.

Si usted es padre, asegúrese que está jugando el papel que le corresponde. Solo usted y yo, padres, podemos romper la cadena de hijos sin modelos con que está plagado el mundo en el cual nos ha tocado vivir.

Preguntas sobre el capítulo 3

1. ¿Cuáles son algunos de los mensajes contradictorios que los hombres contemporáneos reciben hoy día?
2. ¿Por qué ha sido tan difícil para los hombres contemporáneos desarrollar una identidad adecuada como hombres?
3. ¿Cómo pueden los padres comunicar a sus hijos la bendición paternal?
4. ¿Cuáles son los elementos que se pueden inferir de la bendición que su Padre otorgó a Jesús en el momento de su bautizo?
5. ¿Cuál es el ministerio que solo los padres pueden realizar?

CAPÍTULO 4

La esposa cristiana: persona, mujer, madre

Hace unos años, la destacada periodista María Luisa Arredondo escribió un penetrante ensayo en la revista *Visión* haciendo notar la gran tensión contemporánea tocante a la mujer y su tradicional campo de acción.

Considerada durante siglos como un ser inferior al hombre, limitada en su esfera de acción a las labores domésticas y, consecuentemente, sin voz ni voto en la toma de las decisiones que han cambiado el rumbo de la humanidad, la mujer ha empezado a ocupar un plano de primera importancia al ponerse en tela de juicio, como nunca antes en la historia, el papel que hasta hoy ha desempeñado en la sociedad.

El fenómeno ha suscitado la proliferación de exhaustivos estudios que pretenden explicar, y solucionar desde diversas teorías políticas y psicológicas, la crisis de identidad a la que se enfrenta la mujer y que, contra lo que se piensa, no solo le atañe a ella sino también al hombre, puesto que, para interpretar sus respectivos papeles, ambos necesitan el uno del otro. Como señala Julián Marías en su libro *La mujer en el siglo XX: hoy día*, "la situación es de doble desorientación: desorientación de la mujer respecto a sí misma, desorientación del hombre respecto a la mujer, y por tanto, de cada uno respecto al otro".[1]

Si bien es cierto que Arredondo escribe basándose en su propio contexto cultural, la tensión es patente en todo el mundo occidental. Algunas naciones, en sus propias leyes, han discriminando a la mujer, con cambios relativamente recientes. El hombre ha tenido más libertad que la mujer para iniciar juicios, por ejemplo, de divorcio basado en adulterio. Ciertas profesiones han estado casi cerradas a las mujeres porque han sido "campo del hombre". Una mujer que hace el mismo trabajo en una empresa muchas veces gana menos que el hombre en igual posición.

Hemos vivido ya dentro del contexto del movimiento de liberación femenina, el cual surge debido al prejuicio en contra de la mujer, y muchas veces a causa de experiencias negativas y aun degradantes. No es nuestro propósito analizar este movimiento, pero tenemos que reconocer que simplemente porque tiene sus voceros extremados, el cristiano no debe descartar todas las cosas que dicen, ni sentirse amenazado por sus conceptos. Aún más, el mundo cristiano evangélico ha aprendido que algunas de las ideas referentes a la mujer que antes se consideraban como "bíblicas" eran productos de una formación cultural y religiosa. Hemos experimentado dentro del pueblo evangélico un aumento de estudios serios en cuanto a la mujer, su persona, identidad y función. Algunos estudios cristianos tal vez se han ido a un extremo indebido. Esta es una crítica que se ha hecho de algunas opiniones de Paul Jewett en su libro, *El hombre como varón y hembra*. Sin embargo, lo citamos porque ha estudiado a fondo la historia respecto a la actitud hacia la mujer y tiene otras cosas que apoyo personalmente.

Perspectivas de la mujer en el mundo judío

Si comenzamos en Génesis, Capítulos 1 y 2, como ya hemos visto, la mujer es presentada en una forma radicalmente diferente al concepto de las culturas contemporáneas del tiempo de Moisés. Ella es vista como compañera del hombre, como persona en esencia, y

como mujer-persona en particular. Tiene un concepto altísimo.
Durante la época patriarcal, su posición y función varió bastante.
Estaba sujeta a la autoridad del hombre (padre-hermano-esposo); su
honor se demostraba engendrando hijos, y la mujer estéril se
consideraba maldecida por Dios. Más adelante entra en vigor la ley
mosaica con sus restricciones, libertades y protecciones a favor de la
mujer. Desde el inicio de la creación ella tenía acceso a la presencia
de Jehová, aunque era excluida del sacerdocio judío. En la historia
del pueblo de Israel, ciertas mujeres jugaron un papel decisivo, tal
vez en defecto de los hombres. Miriam, hermana de Moisés y Aarón,
era profetisa, así como Débora, quien, además, era juez. Ester jugó
un papel decisivo y positivo como reina de Persia; una que tuvo mala
participación fue Jezabel, la violenta que llevó al pueblo a la idolatría.
Otras mujeres, como Rut, no eran israelitas, pero la Biblia relata su
historia bella, romántica y tierna, y entra en el linaje mesiánico.

En el judaísmo tardío el cuadro comienza a cambiar. En los
primeros dos templos, el de Salomón y el construido después del
exilio, las mujeres tenían acceso a él igual que los hombres. Pero en
el templo de Herodes, terminado en el año 4 a.C., las mujeres se
encontraban segregadas, excluidas del patio de los hombres y
designadas a su propio patio, el cual estaba quince escalones más
abajo que el de los hombres.[2] Al pasar los años, aun la arquitectura
de las sinagogas comenzó a demostrar esta discriminación. En el
principio mujeres y hombres compartían el mismo salón grande,
aunque separados en su colocación. Pero con el tiempo se erigió una
división completa para que no tuvieran contacto físico-visual durante
el culto.

Cuando llegamos al tiempo de Jesucristo, la mentalidad tocante
a la mujer había cobrado un matiz tremendamente negativo. A la
mujer la clasificaban como a los esclavos y a los niños. Jewett pinta
este cuadro sombrío:

> Consecuente con este trato de la mujer como inferior en sus
> sensibilidades religiosas, emerge en el judaísmo un
> desembozado desprecio hacia el sexo femenino. "Dichoso es
> aquel cuyos hijos son varones, y desdichado aquel cuyas hijas
> son mujeres". "Si las palabras de la Torah tuvieran que ser
> quemadas, que no sean entregadas a las mujeres". Las mujeres

no han de enseñar a nadie —ni siquiera a los niños, conforme a algunas autoridades— ni recitar el Shema. No se les permitía dar testimonio porque se había llegado a la conclusión de que Génesis 18:15, el pasaje en el cual Sara niega haberse reído por incredulidad, enseñaba que las mujeres eran mentirosas.

Quizás el dicho que mejor representa el desprecio rabínico de las mujeres es el del rabino Judá ben Elai (ca. 150 d.C.): "Uno debe pronunciar tres doxologías directas: ¡Te alabo, Dios, porque no me hiciste pagano! ¡Te alabo, Dios, porque no me hiciste mujer! ¡Te alabo, Dios, porque no me hiciste analfabeto!" … Esta oración, que el rabino Judá ensalza, durante siglos fue ofrecida fielmente en la sinagoga, a oídos de las mujeres, quienes fueron enseñadas a orar simplemente: "¡Te alabo, Dios, porque me has creado!"[3]

Pero en la vida y el ministerio de nuestro Señor Jesucristo observamos un cambio radical. No es que Él atacase directamente la enseñanza rabínica en su propia y autoritaria enseñanza. No; Él demolió esta discriminación con sus hechos. De nuevo, Jewett escribe:

> Jesús fue revolucionario, no tanto por lo que dijo sino por la manera en que se relacionó con las mujeres. En esta relación su estilo de vida fue tan notable que uno puede solo considerarlo como sorprendente. Las trató como plenamente humanas, iguales al hombre en cada aspecto; ninguna palabra de desprecio contra las mujeres, como tales, se halla en sus labios.[4]

Las mujeres se sentían con toda comodidad en su presencia. Los Evangelios documentan esta relación radicalmente diferente a la demostrada por su cultura. Tal vez el pasaje más elocuente es el de Juan 7:53–8:11 y el trato que Cristo le proporcionó a la mujer captada en adulterio. En Juan 4 encontramos a Cristo dialogando no solo con una mujer, sino una samaritana, y peor aún, una prostituta. Las mujeres figuran en letra mayúscula en su ministerio, como las hermanas Marta y María. En Lucas 8:1–3 tenemos un párrafo especial:

> Aconteció después que Jesús iba por todas las ciudades y aldeas, predicando y anunciando el Evangelio del reino de Dios, y los doce con él, y algunas mujeres que habían sido

sanadas de espíritus malos y de enfermedades: María, que se llamaba Magdalena, de la que habían salido siete demonios, Juana, mujer de Chuza, intendente de Herodes, y Susana, y otras muchas que le servían de sus bienes.

En las oscuras horas de la crucifixión de nuestro Señor, parece que las mujeres son las más fuertes y valientes. Marcos 15:40 relata:

También había algunas mujeres mirando de lejos, entre las cuales estaban María Magdalena, María, la madre de Jacobo el menor y de José, y Salomé, quienes, cuando él estaba en Galilea, le seguían y le servían; y otras muchas que habían subido con él a Jerusalén.

Las mujeres son también las más atrevidas durante la resurrección del Señor, y en días en que las mujeres no podían ser testigos fidedignos, ellas son premiadas con el honor de ser las primeras en ver al Cristo resucitado. A la verdad, por un tiempo breve después de la resurrección, la única representante del pueblo creyente fue María Magdalena. Inclusive, los apóstoles no la creyeron cuando ella les proclamó el mensaje encomendado por Jesús. ¡A saber si ellos más tarde le pidieron perdón por no creerla!

Perspectivas de la mujer después del siglo I

Debido a la influencia de ideologías griegas, el gnosticismo y espíritu de ascetismo, se filtraron en la Iglesia conceptos que denigraban a la mujer como persona.

San Juan Crisóstomo decía: "La mujer enseñó una vez, y lo arruinó todo. Por esta causa … no la permiten enseñar. ¿Pero qué efecto tiene en otras mujeres que ella haya sufrido así? A la verdad les interesa; porque ese sexo es débil y voluble".

El jurista Graciano dijo: "La autoridad de la mujer es nada; que ella en todas cosas sea sujeta al gobierno del hombre … Y ella no puede enseñar, ni ser un testigo, ni ser fiador, ni sentarse en juicio".

Clemente de Alejandría dijo: "Nada oprobioso es conveniente al hombre, que ha sido dotado con la razón; mucho mejor para la mujer, a quien le produce vergüenza aun reflejar su naturaleza … De ninguna manera debe la mujer descubrir y exhibir cualquier porción de su persona, para que no caiga alguno de los dos: el hombre por ser excitado a ver, y ella por atraer sobre sí los ojos del hombre".

San Agustín dijo: "La mujer sola no es la imagen de Dios: mientras que el hombre sí es la imagen de Dios tan plena y completamente como cuando la mujer está unida a él".[5]

Estas y otras actitudes formaron la opinión respecto a la mujer en la iglesia cristiana que hasta hoy nos han influenciado. ¿Y quiénes pierden aquí? Por lo menos tres, el hombre, la mujer y la iglesia. El hombre, porque no puede apreciar qué significa ser mujer; la mujer, porque inconscientemente concluye que ella no es del todo persona valorada por ser mujer; la iglesia que no ha permitido la voz femenil; sea en el contexto local o en muchas instituciones evangélicas.

¿Cuál ha de ser nuestra actitud hoy como hombres y mujeres cristianos? No puede ser menos que la que Cristo tuvo hacia la mujer. Es una norma altísima; y dondequiera que la auténtica fe cristiana ha viajado, un resultado ha sido que la posición de la mujer ha sido elevada. En las siguientes secciones de este capítulo vamos, en primer lugar, a establecer en forma resumida la posición en su aplicación al hogar. No se discutirá el tema de la mujer y la iglesia local con toda su controversia, limitándonos a decir solo que hace falta un estudio renovado y serio del texto bíblico en esta área.

La posición de la mujer en la Biblia

La mujer en las Escrituras recibe una valoración altísima, en primer lugar *como persona, creada a la imagen de Dios.* Esto ya lo hemos estudiado previamente. Ella es *"isháh"*, persona femenina con todas sus dimensiones especiales, con acceso al Dios Altísimo.

En segundo lugar, *ella es mujer, punto culminante de la obra creativa de Dios al final del prolongado día sexto.* Habiendo sido creada a la imagen de Dios, el hombre, como ser masculino, no está completo sin la mujer. Dios había delegado autoridad creativa al hombre, pero no podría procrear ni gobernar sin la mujer. Ella llega a ser símbolo de la tierra fértil, en la cual el hombre siembra la semilla, y la mujer elabora el proceso creativo. Su honor es elevado.

En el Nuevo Testamento, ella en tercer lugar, *llega a ser la reina del hogar, recibiendo el honor de parte de su esposo.* Su corregencia se demuestra de manera clave en el hogar como esposa madre, preciosa y singular.

El mismo texto de 1 Pedro 3:7 afirma que ella es coheredera de la gracia de la vida, con acceso y responsabilidad directa al trono de Dios. Pablo dice en Gálatas 3:28:

> Ya no hay judío ni griego; no hay esclavo ni libre; no hay varón ni mujer; porque todos vosotros sois uno en Cristo Jesús.

Cuarto, *ella es objeto del amor sacrificial de su esposo*, y dentro de una sumisión mutua con el marido. Esta relación se realiza dentro de un contexto de intercambios y relaciones transformadas.

> En otras palabras, el ser cabeza y el señorío de Cristo no consiste en autoritarismo. Antes bien, se expresa preciosamente en el darse a sí mismo ... el liderazgo que el esposo ha de ejercer como cabeza se ve en el mismo autodarse en el cual él vive su nueva naturaleza con Cristo. El ser cabeza consiste en una renuncia de todo autoritarismo; la única sumisión que se demanda es la autosumisión por amor a la esposa ... El énfasis de la enseñanza de Pablo se encuentra cautivado en las dinámicas paradojas de mutua sumisión y el pensamiento que al ser cabeza, el hombre se ha de realizar en completo autosacrificio para la persona amada, de una manera en que se aplica al matrimonio el autosacrificio de Cristo.[6]

Así que la mujer en la Biblia tiene una posición singular, un concepto alto, contrastado con el concepto de las otras culturas de los tiempos bíblicos, como con nuestros tiempos hoy día. Una mujer puede tener el orgullo santificado de que Dios la ha creado mujer.

La función de la mujer en la Biblia

Es aquí donde entro en un terreno escabroso. Algunos lectores concluirán que estas convicciones escritas reflejan la mentalidad de un retrógrado, de un chauvinista masculino. Otros concluirán que se ha cedido demasiado, y que el hombre ya no tendrá autoridad en el hogar; y lo que es peor, algunos dirán que esta enseñanza no es bíblica. Les aseguramos que el deseo es poderles comunicar una interpretación de los pasajes que aquí estudiamos. Ahora bien, ¿cuáles son las funciones de la mujer casada?

La función de cumplir con las comisiones originales

Estas dos comisiones originales fueron dadas por Dios al hombre y a la mujer. Ella es parte irreemplazable de las dos órdenes. Obviamente, ella es necesaria para la procreación, y Dios le ha dado el privilegio de participar de una manera enorme y plena en el proceso creativo de nueva vida humana. Ella también actúa como coadministradora del planeta. Lo hará en el hogar, invirtiendo su creatividad y amor para que éste demuestre la personalidad de Cristo. Lo hará en el hogar, a través de la educación y formación de los hijos, y por tener más tiempo con ellos, podrá moldearlos en los caminos del Señor. Y si trabaja fuera del hogar, cualquiera que sea su vocación, lo ha de ejercer con excelencia, como mujer cristiana, ejerciendo dignidad en las esferas que le sean delegadas en su profesión u oficio, sea maestra, doctora, presidenta, ingeniero.

La función de vivir en sumisión mutua al esposo

Aquí está la controversia. ¿Qué significa "sumisión" en la Biblia y en nuestro tiempo? Primero, comencemos descartando lo que no significa. Sumisión en ningún sentido significa que la mujer sea una alfombra que pueda ser pisoteada y menospreciada. Tampoco significa que ella sea inferior al hombre, ni que ella sea propiedad del esposo, ni que ella sea ciudadana de segunda clase. El contexto cultural de los apóstoles era muy diferente a la norma bíblica. Se decía en aquel tiempo que el matrimonio era principalmente una necesidad para proveer herederos legítimos de la propiedad y los bienes. El hombre como esposo en el mundo romano era supremo en la constelación matrimonial. La mujer existía para servir al hombre, cuidar de su hogar, dirigir a sus siervos y proveer los herederos. Ella era más una posesión que otra cosa. Vivía aparte, en cuartos separados del marido y de su mundo masculino. Se juntaban relativamente poco, y no experimentaban compañerismo. El esposo buscaba por otro lado el placer sexual. El poder legal y económico residía en manos del esposo, y él podía abusar de su poder. En esencia, para ellos la mujer era inferior, creada y destinada para ser inferior. Pero no es así en la Biblia.

Sumisión no significa que la mujer pueda ser maltratada. O para ir al otro extremo, no debe ser tampoco como algo santo e intachable. Sumisión no significa que la mujer deba ser objeto de machismo violento o sutil. Sumisión no significa obediencia ciega a todo lo que el marido diga. Si él manda que la esposa cometa un crimen, o actúe en contra de una clara norma moral bíblica, la esposa tiene que apelar a la norma más alta: la obediencia a la Palabra.

Para entender esta relación especial entre esposo y esposa, tenemos que aclarar dos conceptos básicos en el Nuevo Testamento. Primero, ¿qué significa "cabeza" con relación al esposo? Segundo, ¿qué significa "sumisión" en esta relación?

El vocablo "cabeza", *kefalei* en griego, se utiliza unas 75 veces en el Nuevo Testamento para referirse a una gran variedad de cosas. El uso aplicado al matrimonio se encuentra en pasajes claves, uno de los cuales es 1 Corintios 11:3, donde Pablo dice:

> Pero quiero que sepáis que Cristo es la cabeza de todo varón, y el varón es la cabeza de la mujer y Dios la cabeza de Cristo.

Algunos cristianos han tomado este versículo para enseñar un sistema jerárquico fuerte dentro del gobierno familiar, afirmando que la mujer tiene que ir por medio del esposo a Cristo, enseñando que la mujer tiene que obedecer al esposo en todo, así como Cristo obedeció a Dios. El pasaje no es fácil de interpretar a plena satisfacción de todos. Notemos que el pasaje no enfoca tanto la relación esposo-esposa como la relación varón-mujer. Y el significado es claro. En este contexto el uso de cabeza se refiere al hombre como fuente, raíz, origen de la mujer, y no habla de autoridad ni gobierno familiar.[7]

En Efesios 5:22–24 tenemos otra referencia al concepto de cabeza:

> Las casadas estén sujetas a sus propios maridos, como al Señor; porque el marido es cabeza de la mujer, así como Cristo es cabeza de la Iglesia, la cual es su cuerpo, y él es su Salvador. Así que, como la Iglesia está sujeta a Cristo, así también las casadas lo estén a sus maridos en todo.

Aquí encontramos combinados los conceptos de cabeza y sumisión. Es significativo que la relación esposo-esposa se da como paralelo de la relación Cristo-Iglesia. La idea es de dependencia y de unidad. La cabeza no está presente sin el cuerpo, y el cuerpo no está presente sin la cabeza. Los dos se necesitan entrañablemente. La Iglesia depende de Cristo, quien se sacrificó por ella, y la Iglesia debe ser sumisa, buscando el liderazgo de su Señor Jesucristo. De igual manera, la esposa depende de su esposo, quien ha de vivir en sacrificio por su esposa, y ella debe ser sumisa, buscando y siguiendo el liderazgo de su esposo. Cristo es la cabeza del cuerpo, y el cuerpo se nutre de la cabeza, y crece por medio de la cabeza, sosteniendo una relación de verdad y amor. El paralelo con el hogar es fuerte y maravilloso.

Ahora bien, ¿qué significa "sumisión"? La palabra griega, *hupotasso*, se usa en el Nuevo Testamento unas 31 veces. El profesor alemán Gerhard Kittel escribe: "Originalmente, era un término jerárquico que enfatizaba la relación con el superior. Pero se debe notar que la subordinación expresada puede ser obligada o voluntaria".[8] En su voz activa habla de sumisión forzada, como la que tendrá Cristo en gloria y poder venidero como Mesías triunfante. Pero dentro de la estructura del idioma griego, en la voz media que se usa con relación a esposo-esposa, habla de una sumisión voluntaria. El término "sumisión" aparece en muchos contextos: la relación de Cristo con su Padre celestial (1 Co. 15:28); la de los ángeles con Dios (1 P. 3:22); la de Cristo con sus padres humanos (Lc. 2:51); la del cristiano con las autoridades humanas (Ro. 13:1–7); la de los siervos con sus amos (1 P. 2:18); la de los creyentes con sus líderes en la iglesia (1 Co. 16:16); la de los jóvenes con los mayores de edad (1 P. 5:5); la de los creyentes con los creyentes (Ef. 5:21), y la de la esposa con el esposo (Ef. 5:22–24; Tit. 2:5 y 1 P. 3:1).

En ninguno de estos pasajes tiene la sumisión una idea de inferioridad, sino que se refiere a seguir un orden divinamente establecido. Al estudiar el concepto, emergen varias conclusiones. La sumisión habla de la disponibilidad de renunciar a la propia voluntad en bien de otra persona, y del amor de dar preferencia a otros. Ahora bien, esto solo se experimenta en forma positiva cuando todos conocen a Cristo, porque es la energía del Espíritu Santo la que provee el equilibrio. Sin embargo, con respecto a las autoridades, a los patronos, y aun a los esposos no cristianos, la Biblia afirma que debe haber sumisión voluntaria.

Aplicando estas verdades al hogar resultan unas ideas muy especiales. La lectura cuidadosa de Efesios 5:21–22, y basada en el texto griego arroja luz sobre este concepto de sumisión. Debe traducirse: "sometiéndoos los unos a los otros en el temor de Cristo. Las casadas a sus propios maridos como al Señor". El gerundio "sometiéndoos" depende gramaticalmente del mandato del versículo 5:18: "Sed llenos del Espíritu". Una evidencia de la plenitud y control del Espíritu es la sumisión mutua del versículo 5:21 "unos con otros". Esposo y esposa, sobre la base de Efesios 5:21, experimentan una vida hogareña de sumisión mutua en amor. Él demuestra su sumisión mutua a su esposa proveyendo para ella, siendo ejemplo, ofreciendo liderazgo, y amándola sacrificial y totalmente. La esposa demuestra su sumisión voluntaria buscando y siguiendo el liderazgo de su esposo, así como respetándolo (v. 33). Él no la puede forzar a que sea sumisa; esto nace del corazón, porque es voluntario. Cuando la mujer se da cuenta de que la sumisión es algo que ella escoge aceptar y poner en práctica (no algo que el esposo impone ni demanda) le es más fácil responder positivamente a lo que Dios dice. Si ella vive de esta manera, Dios la va a bendecir así como su hogar completo. Y si el esposo no es cristiano, su sumisión libra el poder de Dios para producir una transformación espiritual del esposo.

La Biblia también discute el reto de la sumisión de una esposa cristiana con un marido no creyente en 1 Pedro 3:1–4:

> Asimismo, vosotras, mujeres, estad sujetas a vuestros maridos, para que también los que no creen a la palabra, sean ganados sin palabra por la conducta de sus esposas, considerando vuestra conducta casta y respetuosa. Vuestro atavío no sea el externo de peinados ostentosos, de adornos de oro o de vestidos lujosos, sino el interno, el del corazón, en el incorruptible ornato de un espíritu afable y apacible, que es de grande estima delante de Dios.

Obviamente, durante el primer siglo había matrimonios "mixtos", de creyentes casados con no creyentes, y por esto Pedro escribe este párrafo. Muchas esposas creyentes hoy sienten que tienen que "darle duro" al esposo con "evangelización tras evangelización", presionándolo a que asista a los cultos, y hablando demasiado acerca de las cosas espirituales. Pedro da la receta en estos casos al decir que mejor es ganarlo "sin palabra". Es decir, ponerse una "cremallera" en la boca, y demostrar con su vida y sus valores la médula del cristianismo práctico. La palabra "considerando" tiene la idea de "porque han observado atentamente", y habla de la evaluación que el cónyuge no cristiano hace del que sí es cristiano. Por vivir muy cerca y a través de la observación aguda, el esposo se dará cuenta de que la vida de su esposa está cambiada debido a su fe en Cristo. Pedro no excluye que se comunique el Evangelio al esposo, pero sí dice que lo mejor en estos casos es el ejemplo de la vida transformada.

El apóstol enfatiza los valores de vida interna y no los externos. Él no está en contra de una mujer que se vista bien y en forma atractiva, ni tampoco de alhajas o de un peinado hermoso. Él está en contra del énfasis en todo esto por encima de lo más importante. Pedro enfatiza el atavío del corazón, de la personalidad, y el espíritu afable y apacible. Estas son dos virtudes de mucha importancia. Recuerdo el caso de una señora joven, creyente, casada con un marido no creyente. Su historia era triste, al parecer sin solución. Abrimos la Biblia a este pasaje y tuvimos un breve estudio bíblico. Cuando se le preguntó: "¿Cómo se aplica este pasaje a tu vida?" Ella pensó un momento y solo dijo: "Afable y apacible. Ese es mi reto y tengo que cambiar". Después de orar, ella salió con el propósito de obedecer las Escrituras. Esposas que tienen este problema, ¿cómo les va en su vida a la luz de este pasaje? ¿Cuál es su verdadero encanto? ¿Es externo o interno? Hemos, con cierto peligro, aconsejado a esposas con maridos no cristianos que dejen de insistir en querer ir demasiado a la iglesia. Y si el marido desea salir a pasear un domingo por la mañana, que todos salgan juntos. Así se demostrará el amor y la sumisión.

Estas cualidades internas no se desarrollan de la noche a la mañana. Requiere tiempo, evaluación, disciplina y dependencia del Espíritu para cambiar. El cónyuge no cristiano también necesitará tiempo para cambiar. Cuando se obedece a las Escrituras en el hogar "mixto", Dios puede derramar su bendición, y el Espíritu Santo puede convencer con mayor libertad y con menos tropiezo. Pero de nuevo aclaramos que no hay fórmulas precisas que garantizan un resultado determinado. Es vida de fe.

Cada caso es un mundo, y los detalles de la vida son muy variados. Algunas esposas viven situaciones muy difíciles con esposos dominantes, amenazadas por sus esposos muy "machos", tal vez infieles o aun brutales en su trato. Muchos esposos están lejos de entender el valor y la igualdad de la mujer, y a ellos no les importa qué dice Dios y ni pretenden obedecer a Dios. Para las mujeres que viven con estos dictadores, es un reto grande y complicado mantener en balance la sumisión, el respeto y el amor. No hay respuestas bíblicas en forma instantánea. La Biblia nos da principios fundamentales que tenemos que aplicar al hogar.

¿Cuál es el límite de la sumisión? Ya se ha mencionado antes, pero sucede cuando el esposo obliga a la esposa a cometer un pecado, una violación de su integridad femenil, o un crimen. Algunas esposas han tenido que luchar con esto, aun en situaciones sociales cuando el esposo sugiere intercambios sexuales con otros esposos y esposas. Aquí la esposa debe apelar a una norma más alta, la divina, y tiene derecho a resistir, reconociendo que tal vez tendrá que "pagar el precio".

La sumisión no es una enseñanza castigadora en la Biblia. Si ambos cónyuges son cristianos, el cuadro se vuelve mucho más factible para vivir la sumisión mutua en amor, ofreciendo y siguiendo el liderazgo. La sumisión puede parecer, para algunos, ceder privilegios y dejar de ser persona, aunque no lo es. Es obediencia a la Palabra de Dios. El buen marido entiende esto y funcionará como esposo cristiano. Será un líder que ama, y tomará en cuenta las opiniones y la persona de su esposa en las decisiones que les afectan como familia. Él reconoce que para cumplir con los deberes divinos, necesita a su esposa. Él reconoce que las comisiones de Génesis fueron dadas a los dos.

Unas palabras a las esposas, jóvenes y mayores

Los primeros años de la vida conyugal son vitales porque son los años cuando se establecen los cimientos del hogar; son años en que ambos se van conociendo, años en que van limando las asperezas particulares; son años en que vienen los niños a completar el hogar, trayendo alegría, dolor y mucha responsabilidad. Son los años formativos, y por eso deben tener mucho cuidado al inicio. Algunas de ustedes se dedicarán a trabajar fuera del hogar, tal vez continuando su trabajo de solteras. Como no hay niños, esto es más fácil, pero no deben descuidar su hogar. Estamos a favor de la esposa que trabaja. Algunas tienen que hacerlo por razones forzosas, pero lo han de hacer reconociendo la esfera principal que Dios les ha dado. Tal vez los dos cónyuges trabajen para ahorrar o para saldar deudas y cuentas pendientes. Está bien, y su trabajo debe reflejar su creatividad y su excelencia como mujeres cristianas.

Pero cuando vienen los hijos tienen que tomar decisiones fundamentales. Recuerden que los hijos son suyos, y no de la niñera, la sirvienta, la cuñada, la abuela, la escuela o de cualquier otra persona que los cuide. Pablo, en Tito 2:4–5, nos sugiere unos principios para ayudar a las esposas jóvenes a establecer prioridades en su hogar. La instrucción viene en el contexto de palabras dirigidas a las ancianas y lo que ellas deben hacer:

> … que enseñen a las mujeres jóvenes a amar a sus maridos y
> a sus hijos, a ser prudentes, castas, cuidadosas de su casa,
> buenas, sujetas a sus maridos, para que la palabra de Dios no
> sea blasfemada.

Las esposas jóvenes deben asegurarse de que cumplen en siete diferentes áreas. Cada una tiene una razón particular que tiene que ver con el testimonio público que el hogar cristiano da al mundo.

Primero, *deben amar a sus maridos*. El término que Pablo usa es *filandrous*, y sugiere la idea de demostrar afecto genuino, una dedicación a sus maridos. Pablo no utiliza *"ágape"*, por razones que él seguro tendría. Su enfoque es más tierno. Toda esposa, entonces, debe asegurar que si demuestra este afecto profundo hacia su propio esposo, sin dejar que otra cosa intervenga para desviar este amor.

Sigue diciendo que también *deben amar a sus hijos*, y la palabra es *filoteknous*, apuntando a la necesidad de tener y demostrar afecto por los hijos. ¡Qué cosa más rara! dirían algunos. ¡Toda madre ama a sus hijos! Pero al parecer esto no era cierto en aquel entonces, ni hoy día. Una madre nos sorprendió al declarar: "Francamente, a mí no me gusta estar con mis hijos. Son una carga pesada". San Pablo tiene algo que decir a esta madre. ¿A usted le gusta estar con sus hijos, prefiere estar fuera de la casa, o prefiere que los hijos estén fuera de la casa? ¿Sus hijos le son más carga que bendición? Desarrolle la capacidad creciente de amar con verdadero afecto a sus hijos, de gozarse en el intercambio del compañerismo con ellos.

En tercer lugar, el pasaje dice que *las esposas deben ser prudentes*. El vocablo aquí es *sofrona*, e implica la idea de autocontrol, de ser discreta, de no dejarse llevar; habla de la mentalidad equilibrada que resulta de la autodisciplina. Hemos aconsejado a varias madres que reconocen no tener autocontrol, que rápidamente pierden el dominio propio. ¿Cuáles son las cosas que más la desequilibran a usted como esposa? Reconózcalas, y pida ayuda del Señor, o busque la ayuda de un buen consejero profesional.

Pablo dice que *deben ser "castas", (hagnas)*, que significa pureza. Debe haber una pureza en su vida sexual, y pureza de corazón y mente. ¿Cuáles son los pecados "femeninos"? Hace años le hice esta pregunta a mi esposa, y después de reflexionar, ella sugirió los siguientes: celos, codicia, chismorreo, manipulación y la vanidad personal que enfoca más la belleza física y la casa como muestrario de egoísmo.

Las esposas *deben ser cuidadoras de su casa*. Este término, *oikourgous*, tiene la idea de "guardadoras de la casa", de ser trabajadoras en casa, dedicadas a la gran tarea de ser madres y amas de casa. La prioridad más alta en esta fase de su vida es la educación y formación de los hijos. Aquí está su valor verdadero, y no tanto fuera del hogar. Muchas esposas erróneamente sienten que tienen que participar en todos los cultos de su iglesia, en todas las otras actividades espirituales habidas y por haber, y lo hacen a expensas del hogar, de sus niños y de su esposo. Su cuidado debe aplicarse a la decoración del hogar también. Uno no tiene que gastar mucho dinero, porque la clave está en la nitidez, la limpieza y una decoración sencilla, pero atractiva.

Deben ser buenas (aghathas) que da la idea de ser benévolas, y no bruscas o desconsideradas. ¡Qué agradable es escuchar este apelativo aplicado a una esposa: "¡Es una buena mujer!" ¿Es esto característica de su persona como madre y esposa? Espero que sí.

Finalmente, las esposas jóvenes *deben estar sujetas a sus propios maridos*. Esta es la idea ya conocida de la sumisión voluntaria en amor, donde se acepta la relación establecida por Dios. Es una posición funcional como complemento humano del marido.

¿Y cuál es la razón para todo ello? Pablo dice: "para que la Palabra de Dios no sea blasfemada". Al parecer, algunas esposas jóvenes corrían el riesgo de abandonar sus prioridades hogareñas, y ello ofrecía un mal testimonio al mundo secular. La Biblia claramente otorga libertad a la mujer, dándole igualdad en Cristo, pero a la vez da instrucciones a la mujer casada. Si una mujer no desea someterse a estos principios, mejor es no casarse, porque la violación de la norma bíblica desacredita el mensaje de Cristo. Vemos de nuevo la tremenda importancia del hogar auténticamente cristiano. A la verdad, la doctrina cristiana no será juzgada por el mundo no cristiano por ser doctrina en sí, sino por la manera en que se vive y se encarna el Evangelio.

¿Y las esposas mayores? Aquí hay un consejo muy especial para ustedes, que amplía grandemente la esfera de su acción. Recuerden que Pablo está dirigiendo su atención a las mujeres mayores de edad, a ustedes. El apóstol utiliza un verbo bastante fuerte, que en castellano se traduce por "enseñen", pero que en griego significa "entrenar, dedicar tiempo para formar". Esto significa una disponibilidad de tiempo y energía de su parte a las esposas más jóvenes. Significa la disponibilidad de ser abiertas y sensibles, dando a conocer su propia vida hogareña, tanto en los momentos difíciles como en los de triunfo. Muchas esposas solo desean hablar de las cosas buenas, como si al hablar lo negativo bajasen su prestigio. En realidad, sucede lo contrario cuando se habla con sinceridad y franqueza. Significa un espíritu de compartir, y no solo el celo de hacer la propia obra y dedicarse a la crítica de las más jóvenes. Este es un ministerio positivo, y muy necesitado. Si las esposas mayores cumpliesen así, sus propios hogares y sus vidas serían transformados, así como la vida y el hogar de las esposas jóvenes. Esposas mayores en edad, ¿cómo les va? ¿Quiénes son sus discípulas?

Ahora, algunos preguntarán: ¿Hasta qué punto deben ser aplicadas estas normas del primer siglo? Bueno, si descartamos este párrafo, ¿qué prohíbe descartar otras enseñanzas bíblicas? Tenemos que tomar en serio el contexto en el cual fue escrita la carta a Tito, con sus particulares aplicaciones a ese tiempo. Pero también encontramos normas aquí que son aplicables a toda era y a toda familia, incluyendo la suya.

Unas palabras a la mujer que trabaja formalmente

En cierto sentido, toda mujer "trabaja", sea soltera o casada, pero aquí me refiero a la mujer que tiene un empleo formal, sea desde el hogar a fuera del mismo. ¿Hay limitaciones para ella según la Biblia? Personalmente, creemos que la mujer tiene derecho a la preparación que desee para capacitarse para el trabajo que quiera asumir. Aunque haya ciertas limitaciones físicas en algunas vocaciones, o nuestro ambiente cultural levante algunas barreras, de todos modos las puertas están hoy, más que nunca, abiertas al trabajo para la mujer. El cambio y la reevaluación como mujer cristiana vienen cuando se casa, porque la vida toma otro giro. La Biblia subraya la gran responsabilidad de la mujer con relación a su hogar. Esta es su prioridad.

Hay trabajos que obligan a la mujer a salir de casa, pero hay empleos que se pueden realizar dentro del hogar. Tenemos una amiga que en su casa lleva la contabilidad de varias empresas. Otras son costureras en casa, trabajan por medio del Internet, o tienen una pequeña tienda de artículos de primera necesidad. La esposa que trabaja tiene que cuidar de no dejar a un lado sus tareas como ama de casa y esposa.

Hay situaciones excepcionales que merecen una atención especial, tal como el caso de la viuda, la mujer divorciada, la madre soltera, o la mujer cuyo esposo está ausente del hogar, o es informal, o aun está incapacitado físicamente para el trabajo. Estas mujeres hacen sacrificios muy particulares, y las admiramos tremendamente, porque en estas condiciones, a pesar de todo, han hecho un buen trabajo en casa.

Si usted como esposa continúa estudiando para superarse, la felicitamos. Estudie con esmero, sacando todo el provecho posible y demostrando todo su potencial intelectual. No sea una estudiante irresponsable. Ofrezca testimonio por medio de su vida, así como por medio de la palabra hablada. Dios no espera de usted las calificaciones más altas del curso, sino que trabaje al máximo de sus capacidades.

Si tales son sus circunstancias, pues trabaje y estudie. Hágalo con excelencia y gran responsabilidad. Sea un ejemplo de una mujer auténticamente cristiana. Recuerde que el salario que gana en su empleo pertenece a la caja común, y al presupuesto formulado. Establezca con el esposo qué se hará con el dinero. En todo caso, no descuide el hogar. El gran momento de decisión y cambio viene cuando llegan los niños, porque entonces las tareas de esposa y madre aumentan enormemente. Aquí viene el reto de dedicar su tiempo y su creatividad a sus hijos. De esta manera, usted cumplirá con las comisiones originales de Génesis.

Finalmente

El reto de ser mujer, esposa y madre es tremendo y estupendo. Para hacer un buen trabajo en estas áreas se requiere calidad de primera. Dios las ha creado a ustedes, mujeres, con una altísima posición y con funciones particulares. Que Dios las ayude y las bendiga para ser y hacer conforme a la voluntad del Señor.

Preguntas sobre el capítulo 4

1. ¿En qué aspectos ha habido confusión en la persona y el papel de la mujer?
2. ¿Cuáles son algunas cosas positivas y negativas de la liberación femenina?
3. ¿Por qué la mujer ha sido tan menospreciada?
4. ¿De qué forma Cristo fue revolucionario en su concepto de la mujer?
5. ¿Cuál es la importancia de la mujer como persona?
6. ¿Qué significa el hecho de que la mujer es "coheredera de la gracia"?
7. ¿Cuáles son algunos de los conceptos de "sumisión" en nuestro medio?
8. ¿Cuál es el significado bíblico de la sumisión mutua?
9. ¿Qué relación existe en la Biblia entre esposo como cabeza y la sumisión?
10. ¿Por qué la Biblia enseña la sumisión, aun en el caso de tener un marido no cristiano?
11. Si usted es esposa joven, ¿cómo evalúa su vida a la luz de Tito 2:4–5?
12. ¿Cómo resumiría usted lo que la Biblia dice de la esposa cristiana?

CAPÍTULO 5

Asuntos específicos que influyen en el papel de la esposa

Entrando al tema

Una de las bendiciones más grandes en mi vida (yo, Sergio) ha sido el conocer a mi esposa Linda. Desde 1989 cuando nos conocimos hasta hoy cuando recién celebramos nuestro décimo aniversario de bodas, ella nunca ha dejado de sorprenderme con sus dones y habilidades. El conocer a Linda en su papel de esposa y de madre ha sido una oportunidad de presenciar, en primera fila, una de las más maravillosas creaciones de Dios, la mujer. Linda con sus dones, habilidades, características de personalidad y su amor por el Señor son grandes estímulos para mi propio crecimiento como hombre y como padre y estoy convencido que pasaré el resto de mi vida descubriendo nuevas facetas de ese ser maravilloso que el Señor diseñó al crear a la mujer.

Debido a que la creación de Dios ha incluido un ser tan especial como lo es la mujer, para nosotros los varones el conocer y comprender esa naturaleza tan especial representa un reto en el cual debemos trabajar cada día de nuestras vidas. Entender las necesidades y los deseos más profundos del corazón de una mujer no es una tarea fácil, sin embargo, el luchar por ese conocimiento tiene el potencial de traer grandes bendiciones a nuestras vidas, a las de nuestros hijos y por consiguiente a la sociedad en general.

En Génesis 2:18-23 se encuentra la narración bíblica de la creación de la mujer, y sin deseo de agregar más a la excelente descripción dada por Guillermo en el capítulo dedicado a la mujer, deseo mencionar algunos puntos claves de la posición de la mujer a la luz de la Biblia.

El Dr. Charles Swindoll, pastor y ex-presidente del Seminario Teológico de Dallas, conocido mundialmente por sus escritos y predicaciones, menciona en su libro "Dile que Sí al amor" (Editorial Betania, 1985) menciona algunos principios claves en la creación de la mujer. Él comenta que este suceso ocurrió en el sexto día de la creación. Dios hizo milagro tras milagro. En cuatro distintas ocasiones Dios expresó su aprobación por su creación:

...Y vio Dios que era bueno. (1:12)

... Y vio Dios que era bueno, (1:18)

... Y vio Dios que era bueno. (1:21)

... Y vio Dios todo lo que había hecho, y he aquí que era bueno en gran manera (1:31)

Es interesante ver el contraste con el versículo 18 del Capítulo 2. Y dijo Jehová *"No es bueno..."* En esta primera oportunidad en la que se hace referencia a que algo no es bueno, es cuando se habla de la soledad del hombre. Esta no es solo una frase romántica. Dice Swindoll que en el idioma original en el que fue escrito el libro de Génesis, esta expresión es mucho más enfática.

Es fascinante ver como Dios se interesaba por las necesidades de Adán. Es maravilloso ver como el creador del universo se ocupa de las necesidades emocionales y sentimentales de un individuo.

Yo puedo recordar mi situación antes de casarme, era feliz y disfrutaba de lo que hacía, sin embargo, había un vacío que me impulsaba a continuar buscando a mi ayuda idónea. Este principio bien puede ser una palabra de ánimo para los solteros al saber que Dios se interesa en sus necesidades emocionales.

Recientemente se han publicado muchos estudios sobre viudos y viudas y es muy interesante que a los varones se les dificulta más estar solos que a las mujeres. Esta característica no tiene que ver necesariamente con lo sexual. Los hombres que pierden a sus esposas por viudez, o se casan muy pronto, (en el término de uno o dos años), o mueren rápido después del fallecimiento de ella, tal parece que el vacío que la esposa deja en la vida del varón es muy difícil de llenar. Por otro lado, es interesante ver que muchas de las mujeres quienes pierden a sus esposos pueden sobrellevar de mejor forma la soledad proveniente de la viudez.

Como parte de mi entrenamiento clínico tuve el privilegio de trabajar con un grupo de personas que cuidaban de sus cónyuges quienes padecían de enfermedades de Alzaheimer o de Parkinson. Fue muy interesante ver dentro del grupo que había muchas más esposas que esposos cuidando a sus parejas. Muchos de los esposos habían fallecido en el proceso de cuidar a las esposas.

La respuesta de Dios a la soledad del hombre puede verse en el siguiente versículo *"Le haré una ayuda idónea para él"*. Es hermoso ver que Dios no solo se dio cuenta de la necesidad del hombre, sino que lo ayudó. Nos dice que la necesidad humana moviliza a Dios para crear una solución, una respuesta. La Biblia no dice que Adán haya orado sobre su necesidad, sino que dice que *"Dios vio"* que Adán no estaba completo. Swindoll dice que este es un principio que es necesario mantener en mente que Dios creo a la mujer como una respuesta la soledad del hombre y como una demostración de su amor.

Sigue diciendo la narrativa de Génesis que lo que Dios creó fue una ayuda. A simple vista el primer nombre que Dios le dio a la mujer visto desde la perspectiva del idioma castellano no suena muy halagadora. El diccionario Webster define ayuda o ayudante como "uno que ayuda a otro" "alguien con menos capacidad o entrenamiento quien ayuda a alguien que posee mucho más". De acuerdo a Swindoll, el significado de la palabra hebrea usada aquí es "Alguien quien asiste o ayuda a otro para que este pueda desarrollar su completo potencial y alcance complete satisfacción". También se usa esta expresión en otros pasajes de la Biblia para referirse a alguien que viene al rescate de otra persona.

La respuesta de Dios a la existencia solitaria del hombre fue crear a una mujer…alguien quien estaría allí para ser una parte vital de sus logros, éxito y satisfacción. Alguien que vendría a rescatarle. En otras palabras Dios creo a una mujer para ayudar al hombre a llegar a ser lo mejor que él podía ser, una persona quien pudiera rescatarle de no alcanzar el ideal divino. Este punto puede crear controversia porque algunos creen que lo que el pasaje dice es que el único propósito de la mujer es ayudar al hombre sin tener en sí un propósito independiente. De acuerdo a Swindoll lo que el pasaje dice es que es ella quien puede ayudar al hombre a alcanzar en su máxima expresión ese potencial con el cual Dios le creó.

Mi experiencia ha sido que yo creía que mi vida era muy exitosa antes de casarme. Tenía una carrera, un buen ministerio y había alcanzado casi todo lo que me había propuesto, sin embargo, después de casarme, de una forma muy especial, mi vida alcanzó un nivel mucho mejor. Linda trajo a mi vida un área nueva, una perspectiva diferente. Mi esposa puede ver cosas que yo no veo, percibe cosas que pasan totalmente inadvertidas para mí.

En una ocasión el James Dobson en su programa "Enfoque a la Familia" entrevistó a Donald Joy, quien habló acerca de los estudios que se han realizado en lingüística que han demostrado que el cerebro femenino funciona de una forma muy diferente de como funciona el cerebro masculino. Según Joy las mujeres tienen áreas en las cuales son mucho más habilidosas que los varones y viceversa. Por ejemplo, lo que se ha llamado intuición femenina tiene que ver con la habilidad más desarrollada que las mujeres tienen para percibir. Las mujeres tienen la habilidad de establecer conexiones entre los dos lóbulos del cerebro, lo cual las hace más perceptivas. Los varones tienden a utilizar uno o el otro lado, lo que les hace más exactos.

Además de llamarle a la mujer alguien que ayuda al hombre a alcanzar su potencial, Dios también le llama *idónea para él*. De acuerdo a Swindoll esta palabra literalmente significa **"que corresponde a"** él. Ella estaba destinada a proveer esas partes del rompecabezas que el hombre necesitaba en su vida. Ella completaría al hombre como un igual que provee las partes que el otro no posee. Estas diferencias complementan a hombres y mujeres y deberían ser apreciadas y aprovechadas en lugar de dejar que ellas les separen y les lastimen.

La existencia vacía del hombre se puede ver en Génesis 2:19-20.

Es interesante que aunque Adán estaba muy ocupado con el trabajo, éste no llenó su vida, él siguió experimentando soledad. Muchos hombres hoy día siguen tratando de llenar sus vidas de satisfacción en el trabajo, sin darse cuenta de que su propia realización está en su esposa y su familia y no en el trabajo.

Todos estos principios extraídos de la Biblia misma son de suma importancia ya que presentan las bases sobre las cuales debe estar cimentado el concepto que todos debemos tener con respecto a la mujer.

¿Cuáles son las necesidades que experimenta una esposa?

El corazón femenino busca diferentes cosas como respuesta a diferentes necesidades. Beverly LaHaye en un libro dice que si se entrevistara a todas las mujeres que han vivido todas coincidirían en una lista muy similar sobre cuáles son los deseos del corazón femenino. Entre esas cosas pueden ser muy importantes los siguientes elementos.

1. Felicidad y significado para su vida. Todo ser humano, hombre o mujer, tiene una tendencia natural a desear la felicidad. Esta felicidad no viene del ingreso financiero que se tenga, ni de las otras cosas materiales que a veces parecen ser tan atractivas. Esta felicidad y significado puede venir de una carrera, del Ministerio cristiano o de la satisfacción de ser madre o esposa. Esta felicidad puede derivarse de la satisfacción de cumplir los sueños con los que ha crecido para su vida, aun cuando algunos de ellos por el momento parezcan ser contradictorios.

2. Vínculos afectivos con otras mujeres. Para la mujer la relación de amistad con otras mujeres es de suma importancia. Aunque las sociedades en las cuales vivimos cada vez parecen tornarse más individualista, en el corazón de la mujer parece haber una necesidad innata hacia la socialización y a la construcción de lazos emocionales. Las mujeres pueden entender de mejor manera las situaciones que otras mujeres sufren o afrontan. También parecen encontrar inspiración en las relaciones afectivas. Cuando una mujer afronta una situación difícil, se sentirá mucho mejor si puede decírsela a otra mujer. Esta es una necesidad válida del corazón de una mujer.

Muchas mujeres han encontrado que algunas amigas pueden tener un efecto nocivo en sus vidas, sin embargo, esto no les impide intentarlo de nuevo y extender su mano para ayudar y para recibir amistad.

3. Las mujeres desean recibir honor y respeto por parte de los hombres. Las mujeres necesitan la amistad de amigos y colegas que las respetan y las aprecian por sus contribuciones, ideas y logros.

Nada es más ofensivo que un hombre que cree que su género es superior y se muestra condescendiente pero no parece realmente apreciar los dones y habilidades que el Señor les ha dado a las mujeres. Algunos hombres devalúan los logros femeninos sencillamente porque estos no se miden necesariamente por dinero o fama.

Las mujeres son tan importantes como los hombres en el éxito del mundo y en la historia de la iglesia. Es muy evidente que el Señor a través de la historia ha usado a las mujeres como pioneras en ministerios que muchos hombres no se habrían lanzado a comenzar. Debido a que las mujeres tienen tanto valor como el hombre, ellas, al igual que ellos, periódicamente necesitan reconocimiento por sus logros y contribuciones. Tanto en el trabajo como en la comunidad, las mujeres desean ser respetadas por los hombres como mujeres que son y no como imitaciones de lo que un hombre es. Los hombres que son capaces de valorar las ideas, contribuciones y sugerencias de las mujeres son capaces de lograr mucho más.

Este respeto puede mostrarse a través de la cortesía y el trato como damas. Las mujeres quieren que sus esposos y amigos se comporten como caballeros y que las traten a ellas como algo precioso, que es como el Señor las creo.

De acuerdo al diccionario un caballero es un hombre "cortés, considerado y atento quien tiene altos ideales de la conducta correcta". El caballero cristiano exhibe su calidad de caballero en situaciones prácticas como abriendo puertas, haciéndose cargo de trabajos pesados etc. Hace esto debido a que reconoce y respeta a quien es una mujer.

Las mujeres admiran en un hombre:

- La fuerza, no solo física sino que también emocional, alguien en quien ellas pueden confiar y descansar.
- Carácter cristiano, ellas quieren ser amigas de hombres que en su diario caminar exhiben la calidad de un hombre de Dios.

- Humildad, hombres en quienes pueden reconocer la autoridad y son capaces de reconocer cuando se han equivocado o han cometido un error.
- Integridad, hombres que demuestran en su caminar la integridad y excelencia.
- Responsabilidad, hombres en quienes se puede confiar, que son estables.
- Buenos modales, si una mujer ha crecido en un ambiente donde los buenos modales son apreciados, ella especialmente tendrá dificultades tratando a un hombre que no los tiene.

4. Las mujeres también quieren un hombre que tenga valores conservadores en cuanto a su sexualidad. Hombres que tratan a la mujer con honor y respeto y como iguales, no como objetos sexuales.

5. Las mujeres desean respeto por su vida como mujeres solteras. Beverly LaHaye dice que la mayoría de mujeres no han soñado con ser solteras toda su vida, sin embargo esta forma de vida requiere ser respetada. Una mujer soltera no es menos cristiana, no es menos completa que una mujer casada, aun cuando la sociedad se lo quiera hacer ver así.

La influencia del padre sobre su hija

Un aspecto importante que influye en el papel de la esposa es la influencia que la figura de su propio padre ha tenido sobre ella.

La imagen del padre sigue ejerciendo su influencia sobre la vida de la hija incluso cuando ella ya es adulta y cuando ha establecido su propio hogar. Los pensamientos y sentimientos acerca de ella misma como mujer y acerca de la relación que actualmente tiene con otros hombres reflejan el impacto que ejerció su padre sobre ella.

Muy frecuentemente lo que un padre ha dado a su hija afecta lo que ella espera de los hombres en su vida. De modo similar, lo que el padre se ha negado a darle a su hija también puede afectar lo que ella espera de otros hombres. Independientemente de cual fue la relación con el padre, ésta siempre deja una huella en la vida de las mujeres. Los pensamientos, sentimientos y actitudes acerca de sí misma que una mujer tiene en relación con el sexo masculino reflejan la influencia que su padre tuvo sobre ella.

Otra área en la que influencian los padres a sus hijas es en cuanto a los valores. Su padre le inculcó o al menos intentó inculcarle algunos valores. Establecer cuáles son esos valores ayudarán a entender muchas de las conductas y aspectos que ella considera importantes cuando adulta.

Algo que es muy interesante investigar es lo relacionado con las imágenes que la palabra padre evoca para cada mujer. El padre se introduce al mundo de sus hijas jugando distintos roles. En casos muy positivos es el director de su vida, su mentor y su guía. Puede verse como el proveedor y la fuente de seguridad. Hay muchas niñas que crecen oyendo las palabras "cuando venga papá lo arreglará" y crecen con la imagen de un padre capaz de resolver todos los problemas y desenmarañar los peores líos.

Las niñas que crecen en una familia donde el padre era la principal fuente de ingresos, pagaba las cuentas y daba algún dinero a los niños para gastar, llevaba a la familia de vacaciones o los sacaba a comer fuera y escogía lo que iban a comer tendrán una imagen del padre como alguien que provee seguridad y al crecer se sentirá cómoda en sus relaciones con otros varones. El padre es el medio por el cual las niñas conocen el sexo opuesto. El cuidado con que el padre enseñó acerca de las características masculinas, tanto de manera directa como con su ejemplo, se mostrará en la manera en que la hija se relaciona con los hombres de su vida personal y de trabajo. El padre influencia la opinión de la hija acerca de los hombres y forma sus expectativas en cuanto al trato que espera recibir de ellos. Hijas de padres que no muestran respeto por ellas, esperarán que las otras figuras masculinas en su vida también muestren la misma conducta. Lo verán como la norma, no como la excepción.

La expresión de amor del padre se ve complicada aún más por el hecho de que muchos padres son incapaces de ofrecer a sus hijas un cariño espontáneo y directo, pues tienden a ocultar sus emociones de ternura. Por lo tanto, con frecuencia es preciso que la madre sepa traducir a sus hijas el amor que los padres que no saben expresar. En la cultura latinoamericana de tradición católica esto se ve muchas veces como el papel de María intercediendo por los hijos delante del padre. Lo ideal es que el padre y su hija establezcan una relación directa que le comunique a la hija que los hombres pueden ser accesibles y honestos en sus relaciones interpersonales.

La evaluación y la aprobación de un padre en cuanto a su hija en los primeros años de su vida son distintas a las de la madre. Normalmente la madre pasa más tiempo con los hijos que el padre, de manera que los comentarios y las reacciones de éste producen con frecuencia más impacto. Esto es debido a que las expresa de una manera distinta y con menos frecuencia. Su participación positiva puede ayudar a su hija a que dependa menos de su madre. La confianza que un padre deposite en su hija y en sus habilidades le inculcarán la confianza para sobrevivir por sí misma.

Es importante que el padre respete, admire y, sobre todo, tome en serio el hecho de que su pequeña niña está en proceso de convertirse en una mujer. Si un padre no sabe dar libertad a su hija al llegar un momento determinado, se podrá producir una dependencia psicológica poco saludable. Cuando persiste el exceso de dependencia al llegar la hija a la edad adulta, los dos continuarán reaccionando el uno con el otro como papá y su pequeña niña en lugar de que su relación sea la de dos adultos.

Los padres tienen una manera extraordinaria de introducir a sus hijas al futuro y de dar vida al papel que han de representar como mujeres. Algunos padres ofrecen a sus hijas una visión ampliada de su potencial, como si fuera una mirada profética a lo que ellas serán capaces de lograr en el futuro. Palabras de afirmación como "el Señor te usará para alcanzar muchas personas para Él", inspiran confianza en el futuro y animan a la hija a seguir adelante. Para muchos padres es más fácil hacer esto con sus hijos varones. Lamentablemente algunos padres solo ofrecen a sus hijas una visión limitada del papel que han de representar en el mundo. Les inculcan que las mujeres deben de seguir los papeles habituales sin permitirles ampliar sus horizontes.

La relación que la niña tiene con su padre es la interacción crítica inicial con el género masculino, ya que el padre es el primer hombre del que la niña quiso conseguir atención. Él fue el primer hombre con quien coqueteó, el primero que le abrazó y le besó, el primero que supo apreciarle como una niña muy especial entre todas las demás niñas.

Norman Wright dice en su libro *Siempre seré tu niña pequeña* (Editorial Portavoz, 1991) "que el amor del padre para su hija la prepara para representar el papel único femenino como amiga, novia y esposa. Si a la relación con el padre le faltó algo, lo que más sufrió fue el desarrollo de su identidad como mujer en relación con el género masculino. Cuando la niña es pequeña expresa por naturaleza todos los rasgos crecientes de su género femenino. Cuando el padre se encuentra emocionalmente ausente, o cuando claramente mostró rechazo, la niña automática e inconscientemente lo conecta con sus características femeninas. A esa temprana edad no posee la estructura interior defensiva para protegerse en contra del rechazo o la indiferencia. Sencillamente llega a la conclusión "deseo complacer a papá y a él no le gusta mi manera de ser de modo que cambiaré para complacerle.

"Tal parece que cuando los padres no se sienten incómodos por la sexualidad de su hija, que son cariñosos y le muestran su aceptación, le ayudan a crecer y convertirse en una mujer de una manera natural. La sexualidad de la mujer se desarrolla a lo largo de toda su vida, pero este desarrollo puede ser estimulado o retrasado por causa de la relación que ella tenga con su padre. Cuando el padre demuestra claramente su aceptación por la feminidad de la hija ella se sentirá mucho más cómoda en su papel de mujer".

Norman Wright dice que la imagen sexual que la mujer tiene de sí misma la moldea en parte por las reacciones de su padre. Él considera que cuando una niña crece y se hace mujer sin tener la ventaja de que su padre le ayuda a afirmar su feminidad, podrá llegar a convertirse en alguien quien reacciona en contra de la negligencia de su padre, adoptando algunas de las funciones masculinas de la paternidad. Debido a que el padre no le ofreció la imagen masculina que necesitaba, decide representar ella misma ese papel. Para ello desarrolla una personalidad con características masculinas.

Algunas conclusiones

Como hemos visto, la mujer es un ser de alto valor, creado por Dios de una forma muy especial. Debido a sus características diferentes a las del varón ella tiene necesidades singulares que en muchas ocasiones para el hombre son difíciles de entender. La personalidad de la mujer está integrada por un sin fin de influencias tanto ambientales como genéticas, siendo una de las más importantes y menos tomadas en cuenta, la influencia de la figura padre.

Al aplicar esto a la vida diaria de una forma práctica, se puede concluir que para los varones solteros, la información descrita aquí puede ayudarles en la selección de su pareja, manteniendo en mente la complejidad y unicidad de la naturaleza femenina. Para el hombre casado, estos principios pueden ser de gran estímulo al comprender que su tarea de conocer a su esposa tal y como es tomará probablemente el resto de su vida.

Para mí (Sergio) como hombre casado por diez años, seguir conociendo a mi esposa y sus características individuales como mujer y como ser creado por Dios de una forma especial, presenta un gran reto, el cual es atractivo de afrontar ya que su presencia en mi vida es uno de los mejores regalos que me ha ofrecido el Señor.

Preguntas sobre el capítulo 5

1. ¿De acuerdo a Génesis 2:18-23, ¿cuáles son las causas que motivaron a Dios para crear a la mujer?
2. ¿Debido a ese origen especial ¿cuál debe ser la actitud del varón ante esta maravillosa creación de Dios?
3. ¿Cuáles son algunas de las necesidades que una mujer tiene?
4. ¿Cuáles son las características que una mujer admira en un hombre?
5. ¿De qué formas evidentes se manifiesta la influencia del padre sobre la personalidad de la mujer?

CAPÍTULO 6

Guerra, tregua, reconciliación y paz

Yo, Guillermo, recuerdo bien que durante mi noviazgo con Yvonne tuve unos problemas de comunicación con ella. Una noche llegué tarde a mi casa, tratando de entrar a mi cuarto sin despertar a mis padres. Silenciosamente, me preparé para dormir, cuando de repente la puerta se abrió y entró mi padre, la persona que menos quería ver aquella noche. Se sentó sobre la cama, y con su voz tranquila y su mirada penetrante, me preguntó: "¿Tienes problemas con Yvonne?" No pude negarlo, y para alivio mío, él no quería detalles de las tensiones. Pero lo que me dijo después ha quedado grabado en mi memoria como pocas cosas. "Guillermo, no es fácil sostener un buen matrimonio. Hay que trabajar, trabajar duro y constantemente en el hogar. Tu madre y yo tenemos una excelente relación porque con la ayuda de Dios hemos luchado para que así fuera. Pero nunca será fácil". Y después de una amena y comprensiva conversación, él me dejó solo, y despierto. ¡Qué profeta!

Pocas parejas en la noche de su boda se dan cuenta de los problemas que pronto van a encontrar. Muchos novios ingenuos llegan al altar creyendo que los delirios románticos de las telenovelas y sus sueños idealistas se van a cumplir en su recién estrenado matrimonio. Pero no es así, y en la mayoría de los casos, los problemas vienen antes de lo esperado. Muchos de ellos surgen por cosas relativamente insignificantes, tales como la manera de sacar la pasta de dientes del tubo, o de tirar la ropa sucia, o cómo dejan la tapadera del sanitario, ¿abierta o cerrada? "¿En qué me he metido?", se dicen a sí mismos, y dudan de si van a poder tolerar esta situación. Otros problemas son sumamente serios y más difíciles de resolver.

Hay que recordar que las dificultades en sí son normales en la vida, y aún más en un hogar donde por primera vez dos personas están viviendo juntas, las "39 horas del día", bajo el mismo techo, tratando de amarse, entenderse, crecer mutuamente y solucionar los problemas a medida que vienen. Con razón Cristo afirma que el matrimonio ha de ser para siempre. Lleva toda una vida el comprenderse, apreciarse y llegar a la armonía mutua, que solo se logra con el tiempo.

Los problemas (serios o livianos) primordiales entre esposos dentro del hogar son los siguientes: la comunicación mutua, las finanzas, familiares (en especial los suegros), ajustes y expectativas tocante al sexo, la formación de los hijos, el uso del tiempo y la vida social. La mujer lo que más desea de su marido es comunicación, que hablen, que resuelvan tensiones. Pero el hombre tiende a buscar más las actividades que tienen en común, sea la vida social o la relación sexual. Las primeras indicaciones de que el matrimonio esta en grave condición viene cuando los esposos ya no tienen la capacidad ni el deseo de enfrentar los problemas serios del hogar. En un reciente estudio de familias, se observó que en ambos grupos, los divorciados así como los no divorciados, enumeraron la misma lista de problemas. La diferencia era que el grupo que perseveró a pesar de los serios problemas, eran las parejas que pagaron el precio de conversar, solucionar las tensiones, y aun a buscar ayuda de un consejero profesional.

En este capítulo se presentarán en primer lugar algunas de las "armas" de la batalla matrimonial; en segundo término, ofrecer unas sugerencias que sirvan para restaurar y construir puentes de comunicación; finalmente, concluir dando unos pasos para vivir sabiamente en el hogar.

Las "armas" de la guerra matrimonial

Durante un retiro para jóvenes parejas cristianas, tuvimos un fascinante diálogo en grupo. Ellos tenían la tarea de elaborar una lista de las "armas" que se utilizan en el matrimonio, y surgieron con gran espontaneidad las siguientes:

- la ira y su explosión
- el silencio
- las lágrimas
- las palabras fuertes
- las actitudes despreciativas
- el fingimiento de enfermedades
- el llevar siempre la contraria
- la negativa a la relación sexual
- la fuga del hogar
- la privación de privilegios
- los golpes físicos

Se han colocado más en el orden en el que se mencionaron, y no en orden de gravedad, porque todos son serios. Tal vez usted pueda recordar otros más que no se han mencionado, pero francamente los once son casi demasiado para la mayoría de nosotros. Comentemos algunos armamentos.

La ira, seguida rápidamente por la explosión, es una de las "armas" más comunes usadas en el hogar. Las tensiones crecen a causa de malos entendidos, deliberados o no intencionados. Llega el encuentro y la calurosa discusión, a veces al rojo vivo. Se encienden los ánimos y nos olvidamos del proverbio: "La blanda respuesta quita la ira, mas la palabra áspera hace subir el furor" (Pr. 15:13); comienzan los pensamientos y las palabras denigrantes; y después de pocos segundos pronuncias frases abusivas. A veces recurrimos a otras armas para agudizar el problema. En fin, estalla la situación, y ¿ahora qué? Muy pocas veces se logra la calma instantáneamente; pero por lo regular se requiere un poco (esperamos que no mucho) de tiempo para que los dos recuperen el equilibrio y la objetividad. Lo más importante en estos casos es reconocer que probablemente los dos han tenido la culpa, que pidan y ofrezcan perdón, y que traten el tema original con la calma de dos cristianos maduros. ¡Ojalá fuera tan fácil!

El silencio, como castigo es uno de los más difíciles de tratar dentro del matrimonio, y probablemente la mayoría de parejas lo han utilizado una u otra vez. Algunos cónyuges se especializan en esta arma. En un caso el esposo aplicó el tratamiento del silencio a su esposa durante tres meses; y durante todo el tiempo se mantuvo en el hogar, relacionándose "normalmente" con los demás miembros de la familia. ¡Otra historia cita un hogar donde los esposos guardaron silencio por dos años! ¿Por qué usamos este tipo de castigo? A veces es porque francamente no sabemos qué decir, y es preferible no decir nada, y este caso puede prolongar el silencio como castigo fuerte. En otros casos es arma de pura venganza e ira. Cuando se extiende, revela una incapacidad, o falta de deseo, de solucionar el problema, de enfrentarlo objetivamente como hombre y mujer cristianos. Se prefiere dejar a la otra persona en la condición de no saber qué hacer ni qué decir.

Generalmente, *las lágrimas* son un arma más de las esposas que de los esposos, aunque no siempre es así el caso. Hay pocas armas que descontrolen tanto al marido como una catarata de lágrimas y sollozos. ¿Qué se puede hacer? Si habla, llora más; y si no dice nada, sigue llorando. Las lágrimas son una legítima expresión emocional del ser humano. Uno llora por muchas razones, desde la alegría hasta la ira. En el matrimonio tal vez se llora más por maltratos, por sentimiento de culpa o a causa de enfermedad o vergüenza. En sí, no hay nada malo en llorar, y puede ser una buena catarsis emocional en que se descarga la tensión acumulada. Pero cuando se comienza a utilizar consciente o inconscientemente como mecanismo de defensa, entonces sí hay problemas más serios. Llega a ser un escape de la realidad, una negación a enfrentar el problema y una manipulación muy eficaz y destructiva del hogar.

Las palabras fuertes tienen muchas variedades. Es una de las armas más fáciles de utilizar. No tienen que incluir términos vulgares o blasfemos, aunque a veces sí se dan. Muchas veces las palabras enfocan las propias debilidades y que estallan en el momento de la ira. Se hace referencia al pasado de uno de los cónyuges o a sus familiares, y lo que es peor, a la suegra. Se mencionan muchas cosas que uno no puede controlar ni cambiar, como defectos emocionales o físicos, obesidad, incapacidad de concebir hijos u otras parecidas. Muchas veces estas palabras fuertes van acompañadas de "nunca" o "siempre" en contexto negativo. ¡Qué formidable los pensamientos de Efesios 4:25, 29, 31, 32!

Por lo cual, desechando la mentira, hablad verdad cada uno

con su prójimo; porque somos miembros los unos de los otros. Ninguna palabra corrompida salga de vuestra boca, sino la que sea buena para la necesaria edificación, a fin de dar gracia a los oyentes. Quítese de vosotros toda amargura, enojo, ira, gritería y maledicencia y toda malicia. Antes sed benignos unos con otros, misericordiosos, perdonándoos unos a otros, como Dios también os perdonó a vosotros en Cristo.

Este párrafo se sugiere como tarea para memorizar a parejas que vienen en busca de orientación para un matrimonio en crisis. Es una sana terapia espiritual.

Las actitudes despreciativas son muy sutiles, y algunas personas las han llevado a un grado singular de perfección. A veces solo la pareja entiende lo que se le ha comunicado a través de un gesto o una mirada. Pero el observador astuto llega a "pescar" estas actitudes. A veces surgen en privado, a veces en público. A veces vienen sin palabras, otras cambian el gesto o la mirada con palabras suaves que son como la mordedura de una silenciosa serpiente venenosa. En privado o en público, en ocasiones el arma se utiliza sin que el cónyuge "atacado" lo sepa. Si es en privado, Dios lo ve, y si es en público, a veces no solo Dios, sino otras personas notan que el matrimonio tiene problemas.

Un ejemplo personal. En cierta ocasión, una pareja de amigos nos estaba visitando en nuestro hogar. Ese día, no recuerdo por qué motivo, yo le había traído a Yvonne una solitaria rosa amarilla. La esposa visitante le comentó a Yvonne: "¡Qué bonita flor!", a lo que Yvonne comentó que yo se la había traído ese día. "¿Y qué, has celebrado algo especial?" Al recibir la explicación, ella comentó en presencia de su marido: "¡Ojalá que mi esposo fuera tan sensible con su esposa!" Fue un golpe directo y penetrante, y esas palabras hablaron mucho de esta pareja y sus problemas. También fue como un clamor desesperado por parte de la esposa hacia su esposo para que él la tomara más en cuenta en cosas pequeñas y cariñosas. Él nunca cambió, desdichadamente, a pesar de las insinuaciones de la esposa.

Fingir enfermedades requiere el comentario de un buen médico, psicólogo o psiquiatra cristiano, porque usar la excusa de una enfermedad crónica requiere ayuda profesional para establecer las causas y la terapia de solución. Esta arma indica causas muy profundas, muchas de las cuales están conectadas con la infancia, la niñez y la juventud de quien la usa. Sin embargo, en algunos casos, cuando la persona se da cuenta de lo que está haciendo, sí hay esperanza para cambiar, enfrentar los problemas y solucionar las tensiones.

El *llevar siempre la contraria* casi no merece comentario. Revela a un adulto infantil, que al no poder salirse con la suya en su matrimonio, se desquita de esta forma. En la consejería matrimonial tratamos de investigar algo del hogar en que creció el que usa esta arma, y en particular la relación con los padres y la manera en que ellos educaron y disciplinaron, o no, a sus hijos. Pero siempre en problemas matrimoniales se requieren dos personas para causar el problema, y busco averiguar cuándo aparece esta arma de inmadurez. Bien expresa el dicho: "para bailar el tango se necesitan dos". Muchas veces por medio del consejero cristiano, o incluso mediante la lectura de un libro que trate el tema, se puede descartar esta arma y seguir hacia la madurez cristiana.

El *arma sexual* es una de las más delicadas, menos habladas, y más utilizadas en el matrimonio. Por su naturaleza privada, nadie va a pedir en público, y pocas personas aun en privado, ayuda en oración por un cónyuge que esté negando la relación sexual íntima. ¿Por qué surge esta situación? Significativamente, era un problema en Corinto por el concepto que algunos creyentes casados tenían del matrimonio y el sexo. San Pablo, en 1 Corintios 7, tuvo que dirigirse a una idea nacida de la filosofía griega, la que afirmaba que todo lo espiritual era bueno y todo lo material estaba propenso al pecado, o aun era malo. ¿Y qué más "material" que la relación íntima sexual? Por eso, en busca de "santidad", algunos cónyuges habían dejado de practicar la relación sexual íntima. Con palabras directas, San Pablo aconsejó a los hermanos de la iglesia de Corinto. Puede ser que hoy aparezca esta arma envuelta con la misma excusa, y el consejo paulino es igual. Pero más bien creo que aparece como castigo muy eficaz al cónyuge que ha cometido una falta, y no por razones espirituales. Si la esposa utiliza esta arma, el cónyuge puede reaccionar forzándola a la relación en contra de su voluntad. Si es el esposo quien utiliza esta arma la mujer no podrá forzarlo a la relación ya que debido a su constitución fisiológica el varón no puede producir la reacción requerida para la unión sexual. Esta es un arma peligrosa, porque puede llevar a la persona a la que se le niega a buscar satisfacción por otro lado, y los resultados son conocidos por todos.

La fuga del hogar surge como última arma en muchas peleas matrimoniales. Después de un fuerte y acalorado argumento, con sus palabras abusivas, ira, lágrimas y actitudes despreciativas, uno de los dos abre la puerta con violencia, la cierra con un tremendo golpe y sale furioso. Cae el silencio, pero el problema se ha agudizado. El esposo es el que puede usar esta arma más, porque le es más fácil salir de casa y buscar otro lugar donde estar, pero la esposa también lo utiliza. Lo peor es cuando se escapa a casa de la madre, quien lo ha mimado la mayor parte de su vida. En muchos casos tiene resultados peligrosos para el futuro del matrimonio. Una fuga como arma refleja debilidad de carácter, incapacidad de enfrentar las causas del problema y la ira que surge. Pero la fuga es síntoma de problemas más serios que se tienen que tratar a fondo.

La *privación de privilegios* es utilizada más por el hombre, porque trata de ejercer su autoridad y machismo sobre la mujer-objeto que tiene en sujeción en su hogar-dominio. Es una forma de castigar a la esposa como si ella fuera una niña, no permitiéndole que salga de casa para ir a la tienda, a la iglesia, a pasear, u otra cosa semejante.

Los *golpes físicos* son los más drásticos, y es de lamentar que se den también en hogares que se llaman cristianos. La ira descontrolada que se desintegra en golpes es el extremo de un adulto sin dominio propio. En una iglesia evangélica llegó un cierto domingo al culto una joven esposa con un nuevo peinado corto. Alguien la felicitó por estrenar el peinado; pero después, en una conversación con el pastor, la señora confesó que la razón por la cual tenía el cabello corto era porque aquella semana su esposo la había golpeado tanto que le arrancó manojos de cabello. Ella tuvo que recurrir a un salón de belleza para que le igualaran el pelo.

Las armas que forman el arsenal de la guerra matrimonial son amplias, devastadoras, y pueden llevar al hogar a la desintegración total. Evalúe usted su propio hogar para ver cuáles utiliza para la defensa y el ataque. Analice el porqué de su uso, y progresivamente trate de eliminarlas de su vida, a fin de poder experimentar un hogar genuinamente cristiano.

Hacia la restauración y construcción de puentes de comunicación

> Pero estoy seguro de vosotros, hermanos míos, de que vosotros mismos estáis llenos de bondad, llenos de todo conocimiento, de tal manera que podéis amonestaros los unos a los otros. (Romanos 15:14)

Pablo, como apóstol sabio, sabía que las relaciones humanas eran frágiles, y que se necesitaba un esfuerzo constante para mantener abiertas las líneas de comunicación. También sabía que en algunas ocasiones era necesario que una persona hablase en confianza con el cónyuge para corregir o enderezar algo en su vida. Por eso escribe este pensamiento. Pero noten las condiciones para poder amonestar a otro: estar llenos, o controlados por la bondad y buenos móviles; y estar llenos o controlados por el conocimiento y la comprensión del caso. Solo así sería posible una positiva "amonestación", vocablo y concepto más fuerte que "exhortación", de cristiano a cristiano.

La aplicación al hogar es clara y al parecer fácil, pero se requiere sabiduría para saber cómo hacerlo. Supongamos que usted como esposo o esposa ha observado algo en su cónyuge que le inquieta o le molesta. Tal vez nota que han dejado de compartir en algunas áreas, o se da cuenta de que su contraparte está pasando por un tiempo difícil en su vida. Tal vez usted desea hablar acerca de temas de gran envergadura que afectan al futuro de su hogar. O tal vez es una irritación relativamente pasajera, pero que necesita y merece un diálogo para arreglar las cosas. Las sugerencias que se mencionan a continuación tienen el propósito de poder llevar a cabo saludables conversaciones que fortalecerán su matrimonio. En cualquier caso, usted, sea esposo o esposa, debe haber tomado la iniciativa para entrar en diálogo. Lo mejor es cuando los dos se ponen de acuerdo para dar estos pasos en la comunicación.

¡En primer lugar, *pida la ayuda de Dios*. Usted necesita la presencia del Espíritu Santo para estar seguro de que el tema merece discutirse. Necesita al Señor para saber cómo iniciar la conversación, y qué puntos enfocar, y qué palabras utilizar. Usted necesita al Dios vivo para mantener la serenidad. Ore, y al orar, tal vez se dará cuenta de que hay que esperar un buen tiempo antes de dar el segundo paso.

Segundo, *busque el tiempo apropiado*. Hay momentos cuando en ningún sentido se debe comenzar una conversación muy seria de este tipo, por ejemplo, en los momentos antes de salir de casa para ir a la iglesia el domingo por la mañana. Ese tiempo es para terminar de arreglarse, para poder llegar a la iglesia sin estorbo ni enojo. De por sí, el domingo por la mañana Satanás parece activar todo su ejército de demonios para neutralizar a los cristianos. Normalmente tampoco se debe iniciar un diálogo difícil al atardecer. Ese tiempo es el más difícil para la familia. La esposa está tratando de preparar la cena, los niños están con hambre, el esposo irritado por algo que le pasó, el perro está ladrando, y todos están cansados por el trajín del día. Para muchos maridos, el mejor tiempo es cuando los niños ya están en cama, el trabajo de la cocina ha terminado, y los dos están solos.

Debe ser un tiempo sin los niños, porque muchas veces el tema tendrá que ver con ellos. También el hablar en privado es básico para mantener detrás de las puertas de la alcoba la naturaleza del tema y el proceso de la conversación.

En tercer lugar, *presente su tema y su punto de vista*. Hable con lenguaje sencillo, trate de conversar con lógica y claridad, con serenidad. Hable pausadamente, estando seguro de que usted está comunicando fielmente sus ideas. Puede ser que el tema requiera poco tiempo. Por ejemplo, si se trata de la manera en que el esposo tira sus zapatos en cualquier lugar por la noche, esto normalmente no requiere mucho tiempo. Pero si se trata del futuro de la familia, de un cambio de trabajo o residencia, o de una cosa más profunda, entonces asegúrese de que haya tiempo adecuado para expresar su punto de vista, y que también haya lugar para respuesta.

No se enoje en el transcurso del diálogo. ¡Cuán difícil es esto! La ira suele nacer cuando uno nota reacciones visibles en la cara del otro, o incluso hay interrupciones. Tal vez pierda usted su lógica o control; y como quizás el tema sea algo delicado, está propenso a perder el control de sus emociones. En un caso cuando mi esposa Yvonne hablaba acerca de un problema, me irrité rápidamente, y ella me tuvo que parar diciendo: "Guillermo, no te enfades. Permíteme explicarte todo el caso y después puedes contestar". Esto en parte me tranquilizó, y ella continuó. Fue duro de todos modos, pero por lo menos nadie se enojó en aquella ocasión.

En quinto lugar, *ofrezca siempre una oportunidad para responder*. A veces es difícil que la otra persona espere para responder, pero es lo deseado. Hay que ser sensible a la respuesta, porque muchas veces nos autoengañamos y no vemos la situación con claridad. También, en la respuesta puede venir una explicación del "por qué", la cual lleva a los dos a un mejor entendimiento.

Si es necesario, *pida perdón y ofrezca perdón*. Esto es muy difícil en nuestro medio y, a pesar de ser cristianos, no nos gusta pedir perdón. Pero no hay reconciliación sin perdón mutuo. Recordamos una pareja que nunca pudo perdonarse, y el matrimonio tenía toda la garantía del fracaso por esta falta. Pedir perdón no es fácil, porque nos obliga a reconocer que hemos errado, que somos culpables. A veces no lo queremos hacer porque no queremos reconocer dentro de nosotros mismos que hemos pecado, y mucho menos que la otra persona lo sepa también. Pero hay pocas cosas más terapéuticas que perdonar y ser perdonado. Muchas veces nos es difícil perdonar. En parte porque nos obliga a ser vulnerable ante la otra persona; en parte porque estamos heridos personalmente y no podemos perdonar en el momento; en parte porque cuando alguien pide perdón nosotros tenemos poder sobre la persona, y no queremos ceder nuestra posición superior. Aquí es donde la ética cristiana corta contra toda formación cultural y social que dice: "No ceda, no sea débil, no sea cobarde, no perdone ni pida perdón". En el matrimonio hay que pedir perdón y hay que perdonar … muchas veces.

Finalmente, después de toda la conversación, que tal vez ha sido difícil, *entregue el problema al Señor*. Él nos conoce mejor que nosotros mismos; Él entiende nuestras aspiraciones. Acudamos a Él para la restauración y la tranquilidad. Probablemente, muchos de nuestros problemas más serios menguarían en dificultad si recurriésemos más al Señor en profunda oración.

Algunas sugerencias básicas para mantener viva la comunicación

Se da por sentado de que la razón por la cual usted se ha casado es porque desea compartir la totalidad de su vida con la otra persona, porque usted ama profundamente y porque se han tomado los votos matrimoniales en serio. El matrimonio no es fácil ni es una empresa democrática en la cual cada uno entrega el 50% para sumar el 100%. No, cada uno comparte su 100% para sumar el total del 100% en Cristo. Requiere sacrificio continuo, amor de entrega y sumisión mutua como características básicas del matrimonio.

Las sugerencias que siguen son el resultado de haber observado saludables matrimonios que han dado un ejemplo como familias auténticamente cristianas. Muchos de los que leen este libro podrían añadir otras ideas que les han funcionado, pero por lo menos aquí van nueve. Estas sugerencias son características de una buena amistad. Los esposos deben ser amigos y amantes. Lo que tenemos que cultivar son las dimensiones fundamentales de ser amigo: sinceridad, conocimiento (conocer y darse a conocer), confianza, apertura, aprecio y apoyo mutuo, respeto, tiempo adecuado, aceptación incondicional.

En primer lugar, *compartan su vida espiritual.* Esperamos que cada esposa y esposo tenga una vida privada de oración pastoral a favor de la familia y un estudio personal de la Biblia. Pero aquí nos referimos a una vida de unidad espiritual, a una vida de oración juntos. Es difícil encontrar el mejor tiempo para orar juntos. Algunas esposas (o esposos) son personas que funcionan muy bien de noche, pero no muy bien durante la mañana. Otros se cansan temprano en la noche, pero al inicio del día tienen en operación todo su sistema físico, emocional y espiritual. En otras palabras, ella puede ser un "búho" y él puede ser un "gallo". ¿Cuándo podrán orar juntos? Pues se llega a un acuerdo: tal vez por la noche, pero no muy tarde. Y al acostarse los niños entonces podrán conversar y orar juntos. Lograr esto es un triunfo difícil, y solo la gracia de Dios nos ayuda a perseverar. También los esposos deben leer artículos y libros que les reten a crecer espiritualmente. A veces, la esposa lee y a veces el esposo, pero en todo caso se dialoga acerca del contenido. En esencia, buscamos estimularnos al crecimiento en Cristo.

En segundo lugar, *aprenda a decir la verdad.* No solo es un principio bíblico, sino que es una tremenda base psicológica aplicada a toda la familia. Ahora, nadie afirmará que la mentira y el engaño son mejores que la verdad, pero la práctica niega la teoría. En un caso de consejería familiar de una pareja en crisis, ellos aparentaban felicidad como pareja y con sus niños, su casa propia y su buen salario. Pero el hogar estaba fracturado principalmente por el engaño; engaño que comenzó antes de su matrimonio y había continuado. Ni él ni ella fueron sinceros, y la infidelidad matrimonial ha contribuido a la trágica desintegración. Lo triste es que casi no hay esperanzas para la reconciliación. Mis amigos lectores, aprendan a decir la verdad desde los días en que son amigos, después novios y luego cónyuges. ¡Qué fácil es decirlo, pero qué difícil es hacerlo!

Tercero, *desarrollen la práctica de alabarse mutuamente*. No nos referimos a la lisonja, que es engaño y mentira. Si la pareja se reduce a lisonjearse, el matrimonio está en grave situación. Hablamos de la habilidad de felicitarse honestamente acerca de cosas que les agradan. Por ejemplo, el esposo debe agradecer a la esposa el trabajo que ella invierte transformando la casa en un hogar. Esto es un trabajo a tiempo completo sin remuneración ni pensión ni jubilación. Ella merece alabanza. Felicítela por su peinado, por su vestido, por su personalidad, por su amor, por su dedicación al Señor, por aguantarle a usted. ¿Y ella? Puede felicitar a su esposo por amarla, por proveer para ella y la familia, por ser trabajador, por la nueva camisa que le quedó tan bien, por su espíritu amoroso, por su liderazgo y ejemplo espiritual. En fin, a cada pareja le queda la tarea de desarrollar una lista de cosas que merecen alabanza. Lea Proverbios 31:10-31 a través de los lentes de un hombre casado y todavía enamorado. Sobre todo deben preservar el amor romántico, y nunca dejar de decir "te amo" o "te quiero", o algo similar, y ¡con estilo!

En cuarto lugar, *compartan sus vidas*. En muchos casos aprendemos del modelo de nuestros padres, para bien o para mal. El esposo, al regresar a casa del trabajo debe preguntarle a la esposa cómo le ha ido a ella durante el día. Es increíble cómo esta pregunta trae tranquilidad y comunicación al hogar. *Él* se interesa por *ella*. Después, él le comparte cómo le fue *su* día. Hay que tener cuidado de no hablar solo las cosas amargas del día. Hablen de sus sueños, sus aspiraciones, sus pensamientos. Al mismo tiempo deben asegurar la vida privada que cada uno necesita tener. Hay cosas y tiempos que son para uno solo. Esto es saludable y en ningún sentido viola la sugerencia de compartir. Pero llama al equilibrio.

Quinto, *pasen por alto las limitaciones y los defectos secundarios*. Bien lo dijo el apóstol Pedro que "… ante todo, tened entre vosotros ferviente amor; porque el amor cubrirá multitud de pecados". Hay cosas que al principio parecen tener importancia trascendental, pero al pasar los años menguan en importancia. Muchos varones amantes del deporte piensan que se van a casar con una mujer dedicada al deporte. Pero resultan casándose con una mujer de gustos artísticos, y con poco interés en el deporte. Hay que respetar estas diferencias, y no obligar al otro a tener un gusto que no es propio. Pero lo interesante es que al pasar el tiempo, ambos cambian. Ella ayuda a su esposo a apreciar el arte, la música y otras cosas, y ocasionalmente lo acompaña a algún acontecimiento deportivo. Hay otras áreas en las que uno puede efectuar el cambio, como características físicas, o la naturaleza emocional básica de cada uno. No debemos tratar de moldear al cónyuge a la imagen de nuestros sueños idealistas. Un buen matrimonio no funciona de esta manera.

En sexto lugar, *elimine el uso de palabras tales como "nunca" o "siempre"* cuando vayan acompañadas de un tono negativo. Por ejemplo: "Es que tú **nunca** has demostrado interés en ...". o: "pero tú **siempre** te has opuesto a mi madre, y **nunca** ...". Estas dos palabras utilizadas en este contexto **siempre** hieren y **nunca** sirven para bien.

Séptimo, *no deje que el sol se ponga sobre sus cuentas negativas pendientes.* El principio lo encontramos en Efesios 4:26-27. "No se ponga el sol sobre vuestro enojo, ni deis lugar al diablo". El principio de mantener "las cuentas cortas" se tiene que aprender temprano en el noviazgo y el matrimonio. Buenos matrimonios se proponen no dormirse si no están en comunión básica. En ocasiones el reloj ha dado las primeras horas de la mañana cuando, al fin, se han arreglado las cuentas. La idea es que uno no debe permitir saldos acumulados de resentimientos, disgustos y enojos. Hay que tratar las cosas ya, con sabiduría y ternura.

Octavo, *póngase de acuerdo acerca de los temas más importantes* que atañen a su familia, como, por ejemplo: finanzas, suegros, vida sexual, niños, actividades sociales, planes para el futuro. Claro, si ustedes como esposos tienen un matrimonio caracterizado por la buena comunicación, estos diálogos le vendrán con mayor naturalidad. Pero si no, entonces tienen que aprender ahora a tratar de temas que van más allá de lo común y corriente. Como pastores y consejeros, nos hemos desanimado tremendamente ver la cantidad de parejas que no dialogan seriamente. Este problema lo hemos encontrado inclusive dentro del círculo clave del liderazgo en la obra del Señor. Bien señala el dicho: "Hablando se entiende la gente".

Finalmente, como pareja cristiana, *propóngase la meta de crecer juntos en su relación global*. ¡Qué triste es observar a matrimonios que tal vez se han mantenido juntos a través de los años solo por los hijos, pero que no han crecido juntos! Este desarrollo requiere una sensibilidad mutua entre esposos. En particular, exhortamos a los maridos a no involucrarse tanto en sus propios trabajos y marginar así sus responsabilidades hogareñas. El reto es enorme, pero con la gracia del Señor, podremos experimentar un hogar feliz, caracterizado por la comunicación abierta, a pesar de las dificultades normales de la vida.

Preguntas sobre el capítulo 6

1. ¿Por qué será que la visión romántica del matrimonio en el cine o las telenovelas no contempla la discordia?
2. ¿Cuáles son las "armas" más comunes usadas entre sus conocidos?
3. De la lista de 11 armas mencionadas, ¿cuáles son las más dañinas? ¿Por qué?
4. ¿Cuáles son los peligros del arma sexual?
5. ¿Qué cosas provocan tensión en su matrimonio? ¿Qué ha hecho para solucionarlas? ¿Pueden ambos hablar sobre estas cosas?
6. ¿Por qué es tan importante el dicho: "Hablando se entiende la gente"?
7. ¿Por qué es tan difícil pedir perdón y perdonar?
8. ¿Cuáles son las causas de la infidelidad sexual?
9. ¿En qué formas está compartiendo su vida espiritual? ¿Cómo podría mejorarla?
10. ¿Cuál es la importancia de tener "cuentas cortas" en el hogar?

Capítulo 7

Placer y creatividad sexual en el matrimonio

Sea bendito tu manantial, y alégrate con la mujer de tu juventud. Como cierva amada y graciosa gacela. Sus caricias te satisfagan en todo tiempo, y en su amor recréate siempre. (Proverbios 5:18-19)

El marido cumpla con la mujer el deber conyugal, y asimismo la mujer con el marido. (1 Corintios 7:3)

Honroso sea en todos el matrimonio, y el lecho sin mancilla; pero a los fornicarios y los adúlteros los juzgará Dios. (Hebreos 13:4)

La Biblia presenta un cuadro positivo y realista del sexo como dimensión integral de la vida matrimonial. Lo presenta como una creación de Dios, regalada al hombre y a la mujer para ser expresada dentro de las normas especificadas. A muchos nos gusta jugar y ver el fútbol, pero especialmente cuando se hace conforme a los reglamentos. ¿Qué tal sería si comenzasen a meter goles por detrás del marco de la portería? ¡Ridículo! Pero así es cuando nuestra sociedad secular trata de cambiar las reglas fundamentales que Dios nos ha dado.

La relación sexual humana es la expresión comunicativa más íntima, poderosa y significativa entre mujer y hombre. Es un darse totalmente, sin reservas. Tiene poder para edificar o destruir. Cristo lo considera un asunto tan serio que incluso permitió el divorcio en caso de relación sexual extramarital. Acerquémonos al tema con respeto y aprecio.

Unas consideraciones iniciales

Debemos tener en cuenta varios factores antes de estudiar el tema desde una perspectiva bíblica. *En primer lugar, enfrentamos el problema de los extremistas respecto al sexo en nuestro medio.* Por un lado, en la calle, en el cine, en la televisión, en los periódicos, en las revistas y en la propaganda, en el Internet, nos están bombardeando con el sexo. Los publicistas entienden muy bien que el sexo vende la mercadería. Sean motores marinos, cubos de plásticos de basura, *jeans*, automóviles, cigarrillos, licores, computadoras o turismo, el mercado sexual produce resultados y ventas. Enfrentamos también toda una serie de mala información referente al sexo, como la "cigüeña que los trae y el almacén que los viste"; la incompleta o errónea información recaudada entre los amigos o aun universitarios, inclusive hasta en los manuales de técnica sexual. Un amigo que conozco recuerdo muy bien la primera información que recibió a los 10 años de su primo. Estaban jugando en la finca del abuelo, cuando con voz queda el primo dijo: "Oye, ¿sabes cómo se hacen los niños?" "Pues no sé, ¿cómo se hacen?" Y con eso el buen primo introdujo a su joven familiar a los misterios, informándolo que cada vez que un hombre besaba a una mujer, fueran jóvenes o adultos, estaban "haciendo un niño". Fue una información tan trascendental que dejó al chico atónito por un rato. Y así comenzó su educación sexual.

Por un lado tenemos el bombardeo sexual y la mala información. Pero por otro lado encontramos un silencio sepulcral en muchos hogares cristianos así como en tantas iglesias referente al sexo. Hace unos años, en la materia de la familia cristiana en el Seminario Teológico Centroamericano, yo Guillermo, pregunté a mis 24 alumnos cuántos de ellos habían recibido una información y formación sexual positiva de sus padres. De las señoritas, dos respondieron afirmativamente, y de los varones, ninguno. El silencio es abrumador. ¿Y por qué el silencio? En parte, los pastores y los padres ignoran cómo orientar. No saben qué decir, ni cuándo, ni con quién. En otros casos se ha prohibido la conversación orientadora porque creen que es contribuir a la promiscuidad, y si alguien les sugiere la lectura de un libro creen que es pornografía.

El segundo problema es la existencia de actitudes erróneas, tales como las del buen primo. De nuevo, esto resulta por la ignorancia, la falta de orientación familiar y los malentendidos. En el caso de una joven de 25 años, graduada universitaria, semanas antes de casarse todavía no sabía "cómo se hacen los niños". Muchas parejas llegan a la primera noche de su matrimonio cargadas de ignorancia en cuanto a la información básica acerca de la relación sexual. Los dos, aunque en nuestro medio probablemente más la mujer, ignoran el arte del acto sexual, así como la anatomía y fisiología de los órganos sexuales masculinos y femeninos. Este es el caso también de muchos jóvenes que se consideran muy enterados, o aun muy "machos" tocante al sexo.

Un tercer problema surge de las limitadas fuentes de orientación, y muy pocas de ellas cristianas, en lo que respecta al sexo. Actualmente existe una buena bibliografía acerca de la familia cristiana. Pero en el año 1972, cuando comencé a enseñar el tema en el SETECA (Seminario Teológico Centroamericano), toda la lista de libros sobre la familia cristiana no pasaban de doce. A Dios gracias, tenemos libros como *El placer sexual ordenado por Dios,* del Dr. Ed Wheat, con su orientación cristiana. En las librerías seculares podemos encontrar literatura de perspectiva humanista, de técnica o psicología, y si bien es cierto que tienen su lugar, falta la voz cristiana. Y ni hablar de las revistas que se presentan como obras "científicas" sobre el sexo, u otras abiertamente pornográficas.

Otro problema más serio aún es el de los conflictos internos en cuanto al sexo. Algunos de éstos vienen desde la niñez. Hemos aconsejado a jóvenes solteras quienes durante sus primeros años de edad sufrieron una experiencia traumática que las ha dejado impedidas en esta área. Una de ellas, a los cuatro años de edad, fue violada por un familiar. Con razón, esta atractiva señorita no podía concebir el hecho de que un joven la tocara, y mucho menos que tuvieran relaciones íntimas al casarse. Ella no quería casarse. Otros sufren de experiencias habidas en la juventud cuando operaban lejos de la ética cristiana referente al sexo. El impacto del pecado es grande. En el caso de una pareja que llevaba quince años de casados, ellos habían tenido relaciones íntimas previas al matrimonio, con el resultado de quedar ella embarazada antes de la boda. Ya casados, ella dejó de sentir placer en la dimensión sensual-sexual, aunque sí tuvieron dos hijos. Ella "cumplía", pero nada más.

Por el lado positivo, tenemos una maravillosa provisión del texto básico de la creación y diseño del sexo en la Biblia. Dios lo creó y lo presenta sin esconder su belleza, ni su poder constructivo o destructivo. La Biblia no es un manual de sexo, pero sí enfatiza actitudes positivas, entiende la dinámica sexual, y es asombrosamente actual en sus aplicaciones.

Finalmente, *es nuestra tarea aceptar nuestra sexualidad, nuestra variada necesidad en lo sexual y el respectivo control de nuestras fuerzas sexuales.* Cuando una empresa de electricidad busca un río para colocar una presa y encauzar el agua para darle vueltas a las enormes turbinas, no busca el río que está a punto de entrar al mar. Busca el río en la montaña, cuya fuerza puede ser controlada para producir luz. Y así es con el sexo en nuestra vida; es una potencia que tiene que ser controlada para producir conforme a la Biblia. Demos gracias a Dios por esta dimensión, pero también controlémosla.

La Biblia, el sexo y el matrimonio

Al tomar en cuenta el panorama global de lo que las Escrituras dicen acerca de la relación sexual dentro del matrimonio, encuentro cinco lecciones principales.

En primer lugar, *Dios presenta el sexo como una dimensión íntegra del matrimonio.* Esto lo encontramos desde el principio en Génesis 2:24 cuando Dios diseña el matrimonio y lo sella con la frase "y los dos serán una sola carne". Cristo repite esta frase en los Evangelios (Mt. 19:5 y Mr. 10:8), y Pablo lo recalca en sus epístolas (Ef. 5:31). El verbo "conocer" en hebreo es utilizado vez tras vez para referirse a la relación sexual: "Conoció Adán a su mujer Eva, la cual concibió y dio a luz." (Gn. 4:1). Este conocimiento obviamente no se refiere al saludo y entendimiento de amigos. Es un término que descriptivamente presenta la relación sexual como el conocerse más profundo entre hombre y mujer.

Otra lección de la Biblia es *que nos llama a una renovación de la mente en cuanto al sexo.* Pablo habla de la transformación que viene "por medio de la renovación de vuestro entendimiento, para que comprobéis cuál sea la buena voluntad de Dios, agradable y perfecta" (Ro. 12:2). Y el sexo dentro del matrimonio es parte de esta excelente voluntad de Dios. En Santiago 1:17 encontramos que "toda buena dádiva y todo don perfecto desciende de lo alto, del Padre.". Muchas personas han crecido con ideas torcidas por Satanás acerca del sexo. Algunos esposos, antes de conocer a Cristo, han abusado de la mujer y su sexualidad. Las han tomado como cosas, sin conocer su nombre, sin afecto, y sin amor. Hay que renovarse. Otras esposas han sufrido por los abusos pre y post matrimoniales, y tarde están formando actitudes cristianas respecto al sexo. Hay que renovarse. Recuerde que en cierto sentido el órgano más importante en el sexo es la mente, porque la mente nos libera y nos inhibe.

La tercera lección viene *al entender que la procreación es solo uno de los propósitos del matrimonio y la relación sexual.* Un gran número de personas, particularmente mujeres, creen que la única razón para casarse y tener relaciones sexuales es la de producir niños. Pero la hermosa verdad es que los niños son solo uno de los propósitos, y ni siquiera el principal. La razón central es la de participar de la unión entre hombre y mujer en el matrimonio y el sexo. Cuando Dios ofrece su clásica definición del matrimonio en Génesis 2:24, no menciona a los niños. El factor de unidad es el más grande. Esta verdad es de tremendo consuelo para las parejas que no han podido tener hijos, o que tienen dificultad para concebir, así como para las familias cuyos hijos ya han salido del "nido hogareño" y están formando sus propias familias. Una de las dimensiones del factor de unidad es la del placer. Indiscutiblemente, Dios nos ha dado el sexo para gozarlo. La profunda experiencia del coito, este encuentro físico-emocional, es de tremendo placer para la pareja. Esto es verdad particularmente si los dos participan activamente en la relación sexual. Un ejemplo fascinante de este placer viene en Génesis 18:12, cuando Sara, al escuchar que va a tener un hijo, pregunta: "¿Después que he envejecido, tendré deleite …?" Otro lo encontramos en Génesis 26:8 cuando Isaac acariciaba sensualmente a Rebeca de una manera que demostraba que realmente sí era su esposa. Los dos casos presentan placer en el juego, y a la relación sexual como algo placentero.

En cuarto lugar, *la Biblia enseña que el acto sexual es una profunda entrega del uno al otro.* Bien lo dice el autor del Cantar de los Cantares:

Ponme como un sello sobre tu corazón, como una marca sobre tu brazo; porque fuerte es como la muerte el amor; duros como el sepulcro los celos; sus brasas, brasas de fuego, fuerte llama. Las muchas aguas no podrán apagar el amor ni lo ahogarán los ríos (8:6-7).

Pablo, en 1 Corintios 7:3-5, establece el profundo grado de entrega y pertenencia mutua que se expresa en la relación íntima. Y en Efesios 5 elabora una formidable comparación entre la relación de esposo y esposa con la relación de Cristo y su Iglesia. Tan íntima y fuerte es la relación matrimonial que sirve para ilustrar la relación espiritual del pueblo de Dios con su Señor. La relación sexual refleja la unidad espiritual y emocional entre los esposos. Por eso el encuentro íntimo nunca debe tomarse sencillamente como algo físico-sexual. Va más allá, entrando en la mística del ser humano en todas sus dimensiones. Por eso la relación sexual extramarital viola no solo el lazo y los votos matrimoniales, sino que es un atentado a la esencia del sexo en el matrimonio como algo sagrado.

Cabe, finalmente, advertir que *la Biblia habla claramente acerca del peligro y los resultados devastadores del sexo extramarital.* López Ibor, en *El libro de la vida sexual,* cita un estudio de la socióloga y escritora Gabriela Parca acerca del comportamiento sexual del hombre italiano. Se cita porque la ética sexual del hombre italiano se asemeja mucho a la del hombre español y latinoamericano. Se cita también porque refleja las tremendas presiones que caen sobre el hombre cristiano, formado por su propia cultura, para bien y para mal. Pero no nos engañemos, la situación es trágica, con grandes implicaciones para el hogar cristiano. Según Gabriela Parca,

... una característica del hombre italiano es su apego a la madre. Esta fijación actuará de manera determinante a la hora en que el italiano elija esposa; buscará a una mujer dulce y comprensiva, siempre dispuesta al perdón.

En el 50% de los casos, los entrevistados han tenido su primera relación sexual con una prostituta; el 35% con una muchacha; el 6% con una mujer casada; el 4% con la novia; el

3% con la esposa y el 2% con la criada. La edad media para la primera relación sexual, en el sur de Italia, es a los 16-17 años. Un hombre se avergüenza si a los veinte años no ha tenido relaciones sexuales. Como es sabido, el valor de una mujer allí radica en su virginidad antes del matrimonio y en su fidelidad después. El delito de honor (el ultraje a una muchacha recae en la familia de ésta y debe ser "vengado") cuesta anualmente un buen número de víctimas. El hombre se habitúa a dividir a las mujeres en dos categorías: las que se hacen respetar y las "otras". Entre las primeras elegirá a su mujer; las otras le servirán para satisfacer sus instintos sexuales.

Respecto de la vida sexual de los italianos antes del matrimonio, la entrevistadora manifiesta sus recelos ante las relaciones de los interrogados por dos motivos: "Porque existe entre nosotros -dice- el mito de la virilidad y porque, en general, el hombre italiano está insatisfecho de su vida sexual y es llevado a compensar con la imaginación lo que le falta en la realidad".[1]

Recordemos el relato del rey David en 2 Samuel 11, y su terrible pecado de adulterio que trató de cubrir con mentira y asesinato, siendo él el autor intelectual del segundo crimen. A David lo tenemos que ver como un hombre tal vez entre los cuarenta y cincuenta años. Ya no es el joven de antes, y tal vez por eso no sale a la guerra con su ejército. Cae la noche, y David se siente inquieto, melancólico, no puede dormir. Posiblemente desea estar con sus militares. Se dice a sí mismo: "¿Y qué voy a hacer ahora…? Bueno, tal vez salga a caminar por el terrado del palacio real". En un determinado momento observa a una bella mujer bañándose y dice: "Tal vez lo que necesito para aliviarme y darme vida, y así poder demostrarme a mí mismo que sí soy hombre, aunque no salí a pelear, es una mujer, otra mujer. ¿Qué mejor que este precioso ejemplar a mano?" Averigua quién es aquella belleza y le manda un mensaje de invitación real; ella acepta, y la historia humana cambia para siempre.

Antes de culpar solo a David, pensemos en Betsabé. ¿Por qué se bañaba tan cerca de las miradas del terrado real? Ella tenía que saber que se estaba exponiendo a peligros. ¿O estaba buscando algo también? Tal vez sí. Recuerde que su marido, Urías heteo, estaba lejos, y ella también sentía que la soledad la atacaba desesperadamente. Además, estaba en el tiempo de su ciclo menstrual cuando probablemente está más propensa a buscar la unión sexual. Debido al hecho que resulta embarazada después de la relación sexual con David, creemos que ella estaba cerca del día catorce, lista para ovular y concebir. Ella tampoco rehusó la invitación del rey, hombre poderoso, puro israelita, cuando su marido no era siquiera de sangre pura israelita. En otras palabras, Betsabé estaba propensa para un encuentro que le daría brillo a su vida de mujer casada con un militar.

Ahora, sospechamos que ninguno de los dos pensaba que el asunto pasaría más allá de una noche breve. Pero al pasar el tiempo, ella supo que la cesación de su menstruación confirmaba la sospecha: "¡Estoy embarazada! ¿Y ahora qué hago?" El resto del relato lo conocemos muy de cerca.

Lo inquietante es que el caso de David se asemeja al de muchos hombres hoy día, y el problema se encuentra también entre los que se llaman cristianos. En la Biblia el término "adulterio" aparece unas 63 veces, y "fornicación" 44 veces. Ambos hablan del pecado sexual extramarital, especificando el resultado claro del pecado sexual.

Ahora, gracias a Dios, Él nos ofrece perdón en caso de haber cometido este pecado. Viene a nuestra mente la manera tan tierna en que Jesús trata a la mujer captada en adulterio, descrita en Juan 8:3-11. A propósito, ¿dónde estaba el hombre? ¿Será que era amigo de algún fariseo, mientras que la mujer, muchas veces la más afectada, no tenía amigos en aquel momento vergonzoso? Cristo, como juez, sabe que los que necesitan más ser juzgados son los acusadores, y los elimina del escenario, quedándose a solas con ella.

> Enderezándose Jesús, y no viendo a nadie sino a la mujer, le dijo: Mujer, ¿dónde están los que te acusaban? ¿Ninguno te condenó? Ella dijo: Ninguno, Señor. Entonces Jesús le dijo: Ni yo te condeno; vete y no peques más.

Jesús entiende que la mujer ya ha sufrido lo necesario, y la libra. Ella también reconoce quién es Él al llamarlo: "Señor". Hay perdón y vida cambiada después del pecado sexual.

Pablo expone la misma misericordia en 1 Corintios 6:9-11. Note cuántos de los pecados tienen que ver con el sexo.

> ¿No sabéis que los injustos no heredarán el reino de Dios? No erréis; ni los fornicarios, ni los idólatras, ni los adúlteros,

ni los afeminados, ni los que se echan con varones, ni los ladrones, ni los avaros, ni los borrachos, ni los maldicientes, ni los estafadores, heredaran el reino de Dios.

Y esto erais algunos; mas ya habéis sido lavados, ya habéis sido santificados, ya habéis sido justificados en el nombre del Señor Jesús, y por el Espíritu de nuestro Dios.

¡Qué pasaje más magnífico de gracia y perdón! Amigo, si usted ha tenido problemas en el pasado, Dios le perdona si se apropia de su gracia. Y si usted hoy está involucrado en una relación extramarital, póngase a reflexionar, regrese a la fidelidad, pida perdón, busque la consejería sabia si es necesario, y construya los puentes de amor y comunicación con su propia esposa.

Amor y sexo en el Cantar de los Cantares

Pocos libros bíblicos han provocado la controversia del Cantar de los Cantares. La explícita sexualidad del libro dirigió a algunos de los antiguos estudiosos rabínicos a espiritualizar el libro, describiéndolo como la relación de amor entre Jehová y su pueblo, Israel. En algunas comunidades judías ortodoxas, no se permitía que una varón leyese el libro hasta cumplir los treinta años. De esa manera querían controlar las emociones y especulaciones juveniles. La versión evangélica es por todos conocida, reduciendo el libro a describir la relación entre Cristo, el Esposo divino y su Iglesia, la esposa. Pero muy claramente se ve que el autor no tenía estos móviles tan "elevados" cuando lo escribió. Él deseaba escribir un poema de alabanza al amor sensual de dos personas que se quieren profundamente.

Algunos otros intérpretes han descartado el libro, y lo han descrito como un himno pagano del amor tergiversado, eminentemente erótico, y que solo está en la Biblia para enseñarnos lo que uno no debe pensar y hacer tocante al sexo.

Hemos escogido la interpretación normal y literal de este poema al amor, reconociendo que la forma literaria que utiliza el autor es altamente figurativa y bella, pero basada en la realidad humana sensual.

Recomendamos la lectura de este libro a los recién casados, y les sugerimos que lo lean durante su primera noche de bodas antes de la experiencia íntima sexual. Varias versiones de la Biblia indican cuándo la amada habla, cuándo el amado habla, y cuándo el coro de amigos interviene. A los recién casados se les recomienda que tomen las voces respectivas, y cuando hable el coro que los dos lean al unísono. Es una preciosa experiencia la lectura de un libro inspirado por Dios. También se da la lectura como tarea a casados de más experiencia que están tratando de construir puentes en la comunicación sexual.

Ahora, pasemos a los principios que parten del libro.

En primer lugar, de buenas a primeras *el libro nos reta a hacer de nuestro matrimonio una experiencia verdaderamente romántica y espiritual*, a pesar de los años que uno lleve de casado. Muy a menudo lo que sucede en un matrimonio es lo siguiente. Comienzan con mucha actividad romántica y sexual, pero al pasar los años mengua el deseo, y comienza el aburrimiento. Dejan la creatividad sexual a un lado y se olvidan de aquellos emocionantes años atrás. El sexo se vuelve una rutina para los dos, sirve más como descarga periódica de necesidades personales, o simplemente cesa de existir. Tal vez los dos "cumplen", pero la chispa se ha apagado. El libro del Cantar de los Cantares nos instiga a recobrar el romance, a encender esa chispa de nuevo.

Cabe aquí presentar la escala de excitación romántica-sexual para ilustrar el proceso dinámico que se puede experimentar.

No sé si usted recuerda de su noviazgo con su esposa la primera vez que le tomó la mano, y lo que sintió cuando lo hizo. ¿Recuerda cuándo la besó por primera vez? Posiblemente recuerde demasiado bien que sus deseos románticos tenían un tremendo apetito, y el ir solo de la mano, y solo unos besos livianos no eran suficientes. Querían más, y fue allí donde uno se da cuenta de que tiene que ejercer mucho dominio propio. Walter Trobisch, en uno de sus libros, describe al sexo como un león, bello, poderoso y peligroso si no se le controla. Pero si le suelta, se lo come.

Además, *deben desarrollar la capacidad de alabarse mutuamente en la dimensión romántica*. Observen cómo dialogan estos enamorados. Claramente habían regresado a experimentar Génesis 2:25, los dos desnudos y sin avergonzarse.

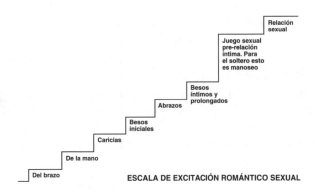

ESCALA DE EXCITACIÓN ROMÁNTICO SEXUAL

El amado: He aquí que tú eres hermosa, amiga mía; he aquí que
            tú eres hermosa;
            Tus ojos …
            Tus cabellos …
            Tus dientes …
            Tus labios …
            Y tu habla …
            Tus mejillas …
            Tu cuello …
            Tus dos pechos …
            Toda tú eres hermosa, amiga mía, y en ti no hay mancha
            (4:1-7).
La amada: Mi amado es blanco y rubio
            Su cabeza …
            Sus cabellos …
            Sus ojos …
            Sus mejillas …
            Sus labios …
            Sus manos …
            Su cuerpo …
            Sus piernas …
            Su aspecto …
            Su paladar, dulcísimo, y todo él codiciable. Tal es mi
            amado, tal es mi amigo (5:10-16).
Ellos dos habían desarrollado la capacidad de expresar

agradecimiento el uno hacia el otro en la atracción física sexual. Es interesante notar que en todas las descripciones del libro del amado hacia la amada, él comenta los pechos, un foco histórico de atención. Pero la amada nunca menciona los pechos del amado. ¿Por qué? Porque el hombre tiene una percepción de lo que le atrae sexualmente, y la mujer tiene otras perspectivas. Las dos son legítimas. Así que usted, esposo o esposa, tiene un buen reto por delante, el de soltarse y describir qué es lo que le gusta del otro. A propósito, una buena traducción de Proverbios 5:19 es "…que sus senos te satisfagan en todo tiempo, y su amor te embriague para siempre".

Bien lo dice Theodor Bovet:

> El acto de amar tiene dos grandes premisas: 1) Un conocimiento elemental de la constitución y función del aparato sexual. 2) Saber que el matrimonio es mucho más que un simple acto sexual. Todo este conocimiento debe ser adquirido poco a poco durante el noviazgo, antes de la primera aproximación sexual y debe estar particularmente presente en el hombre, destinado al papel de iniciador y guía.[2]

Otro principio que encontramos es *la necesidad de que cada uno comunique sus deseos al otro.* Esto es fundamental para lograr una efectiva comunicación sexual que va más allá de solo el coito. Este concepto lo vemos entretejido a través del libro, y se expresa en palabras como: "Hermosa eres tú, oh amiga mía, como Tirsa; de desear, como Jerusalén; imponente como ejércitos en orden. Aparta tus ojos de delante de mí, porque ellos me vencieron" (6:4-5). Y después continúa el amante con la descripción lírica de su amada.

Este concepto hoy día está apareciendo en la literatura cristiana sobre la comunicación sexual, pero milenios antes estaba presente en la Biblia. Hoy los autores subrayan la necesidad de la comunicación verbal mediante la que el esposo y la esposa expresan qué es lo que exactamente les gusta y les produce una sensación agradable. Muchos dan por sentado que la mujer siente gran placer al acariciársele los senos, pero no todas las mujeres tienen siempre este agrado. Hay que averiguarlo. Por ejemplo, alguna noche, cuando están celebrando su amor, usted como esposo le puede preguntar a la esposa: "¿Qué es lo que te gustaría esta noche?" Y ella, esperamos, contestará con ternura y orientación. El esposo no debe apresurarse en las caricias más intensas del área del clítoris de la mujer. Esto vendrá más adelante, cuando ella esté plenamente lista.

Un cuarto principio es que *los dos deben tomar parte en el juego sexual, y no solo el hombre.* En los versículos 2:3-6 la amada declama:

Como el manzano entre los árboles silvestres, así es mi amado entre los jóvenes; bajo la sombra del deseado me senté, y su fruto fue dulce a mi paladar. Me llevó a la casa del banquete, y su bandera sobre mí fue amor. Sustentadme como pasas, confortadme con manzanas; porque estoy enferma de amor.

Hemos leído las palabras de una mujer enamorada y atrevida. Al investigar este pasaje es evidente que las manzanas y las pasas tenían un simbolismo sexual en el pensamiento oriental, factor que añade aún más al cuadro. En el versículo 10:10 ella de nuevo exclama: "Yo soy de mi amado, y conmigo tiene su contentamiento". Existe un lugar para una agresividad sensual y sensible de la esposa. Por ejemplo, esposa, ¿por qué no sorprender a su esposo algún día? Retírese a su dormitorio a leer, y después llame a su esposo. Al entrar, dígale que cierre la puerta con llave, y después ofrézcale una buena sorpresa de amor. Claro, hágalo en privado, pero ¡hágalo!

Otra idea que nace del libro es *la necesidad de apartar un tiempo prolongado para dedicarse los dos al amor.* Piensen en una pequeña luna de miel de 24 horas cada año, y ahorren para lograrlo. Debe ser un tiempo a solas, de tú a tú. Creo que en parte ésta es la idea de los versículos 7:11-12:

Ven, oh amado mío, salgamos al campo, moremos en las aldeas. Levantémonos de mañana a las viñas; veamos si brotan las vides, si están en cierne, si han florecido los granados; allí te daré mis amores.

No siempre tiene que ser un tiempo para entretenerse sexualmente, porque el propósito más importante es el de crecer en la totalidad de la relación. En el caso de un matrimonio, los dos salieron hacia una octava y breve luna de miel. Pero la esposa estaba en el octavo mes de su tercer embarazo, y no fueron con un motivo sexual. Salieron para conversar juntos, orar juntos, estar juntos, para crear memorias de su amor y familia.

Un sexto principio tiene que ver con *la renovación de su mente con respecto al sexo, introduciendo actitudes y patrones sanos y positivos.* Esto significa trabajar con sus emociones y sus inhibiciones, aceptar su cuerpo, y aplicar su creatividad. Recuerden las palabras de la amada en 5:16 al concluir una de sus descripciones amorosas: "Su paladar, dulcísimo, y todo él codiciable. Tal es mi amado, tal es mi amigo". Muchas de nuestras inhibiciones tienen trasfondo que regresa a nuestra niñez, y no se puede esperar que uno cambie de la noche a la mañana. Pero sí podemos comenzar a evaluarlas, a leer libros cristianos que nos ayuden, y si fuese necesario, dialogar con un competente consejero.

El libro también *nos insta a leer más literatura acerca de la comunicación sexual.* Hay claras evidencias de que Salomón, el autor de Cantares, tenía familiaridad con diversas fuentes culturales de su tiempo, tradiciones orales y escritas, que le dieron ideas paralelas a su propio escrito. James B. Pritchard, en su obra *Sabiduría del Antiguo Oriente*, y M. García Cordero, en *Biblia y legado del Antiguo Oriente*, han sido dos recursos para esta información.[3] Las descripciones mutuas de los cuerpos, los perfumes, el coro como testigo; todas estas cosas eran comunes en la tradición literaria contemporánea del autor.

Los libros escritos hoy por cristianos referentes a este tema son de una tremenda ayuda. Uno de los mejores ya lo hemos mencionado, la obra escrita por Wheat, *El placer sexual.* El libro refleja una base cristiana, una competencia como obstetra-ginecólogo, un consejo profesional en la clínica, y su apertura y aprecio por el hogar y la familia. Pero les advertimos que es un libro muy franco y directo.

Esa es, pues, una perspectiva del Cantar de los Cantares. ¡Qué libro! ¡Qué maravilloso es nuestro Dios quien nos ha regalado tanto para el hogar!

San Pablo y la vida sexual conyugal

El gran apóstol tuvo que enfrentar problemas enormes en las jóvenes iglesias. Muchos de los problemas venían como resultado de vivir en una cultura pagana. Tal era el caso de Corinto, ciudad metropolitana, centro de comercio y trabajo, foco de experiencias y éxtasis religioso, y lugar donde el sexo abierto se mezclaba con la religión. El templo de Afrodita era famoso por sus mil prostitutas "sagradas". No nos sorprende que la iglesia tuviera problemas en el área matrimonial-sexual.

Pablo da por sentado que las relaciones sexuales son parte del matrimonio. Él también reconoce que hay tentaciones prematrimoniales al decir:

…bueno le sería el hombre no tocar mujer; pero a causa de las fornicaciones, cada uno tenga su propia mujer, y cada una tenga su propio marido.

El verbo "tocar" no se refiere aquí a un liviano toque o saludo entre los sexos, sino que debe traducirse con la idea de "aferrarse, abrazar, acariciar". Tiene el concepto de una caricia orientada sexualmente. Vemos entonces que Pablo considera al matrimonio como una medida preventiva para evitar el pecado.

En segundo lugar, *Pablo aclara que existen derechos y deberes conyugales en 1 Corintios 7:3-5:*

El marido cumpla con la mujer el deber conyugal, y asimismo la mujer con el marido. La mujer no tiene potestad sobre su propio cuerpo, sino el marido; ni tampoco tiene el marido potestad sobre su propio cuerpo, sino la mujer. No os neguéis el uno al otro.

En nuestro medio son más las mujeres que con resignación dicen: "Pues yo cumplo". Pablo dice que el cumplir es doble vía, que el cuerpo mío pertenece a mi esposa, y viceversa. No hay lugar para utilizar el sexo como arma de la batalla matrimonial. Por otro lado, hay algunos esposos que tienen un apetito sexual excesivo, y esperan que la esposa cumpla y participe activamente cada noche. Es demasiado esperar esto del cónyuge y no es justo ni saludable. Tiene que haber consideración en tales casos.

¿Qué debe hacerse cuando la esposa está demasiado cansada para entrar de lleno en el juego sexual? Ella con ternura puede decirle a su querido esposo: "Amor, no tengo muchas fuerzas, pero quiero amarte. Ven conmigo, y toma tú la iniciativa". Él debe ser muy considerado en estos casos también, y no exigir demasiado. Pero cuando ella quiere relaciones íntimas, y él está cansado, el problema es muy diferente. El hombre cansado o agobiado por problemas muchas veces, simplemente, no puede participar con eficacia porque su miembro no responde en la erección sexual. Estos casos requieren paciencia y consideración por parte de la mujer.

Finalmente, *Pablo aclara que cualquier abstención sexual tiene que llenar ciertos requisitos.* Tiene que ser por un tiempo limitado. Tiene que venir por mutuo acuerdo. Tiene que ser con propósitos espirituales, y tiene que haber un pronto regreso a la vida sexual normal. De no llenarse estos requisitos, hay tremendo lugar para la tentación sexual por parte de Satanás.

Pablo habla directamente sobre un problema específico. En realidad, así es la Biblia cuando uno la estudia detenidamente. Tiene una relevancia contemporánea magnífica, pero hay que aplicarla a la vida práctica.

La primera noche y la luna de miel

Recordamos las palabras de una pareja a punto de casarse. Estaban en la oficina para una sesión de orientación prematrimonial. Se inició el tema de la primera noche conyugal, y el novio dijo: "Mire, esto sí que me tiene un tanto preocupado. No sé exactamente qué debemos hacer". Su cara, y la de su apreciada novia a la par, reflejaban la incertidumbre, combinada con el anticipo de algo especial. Pero ¿cómo actuar, qué se espera, qué me va a pasar? Estas y muchas más son interrogantes que toda pareja experimenta.

Creemos que para la novia esa noche puede estar cargada de mayores inquietudes, aun miedos. Durante toda su vida anterior, su madre, las abuelas y las tías, la sociedad le ha dicho: "Vístete. Cúbrete. Siéntate modestamente. No pierdas el pudor". Y casi de repente, de la tarde a la noche, ella tendrá que desvestirse completamente y comenzar a participar de la vida sexual matrimonial. Casi es demasiado el shock. Pero estas emociones son normales. Lo bueno es que puede prepararse para este acontecimiento y así tranquilizarse mucho.

Una gran discusión ha surgido alrededor del tema de la virginidad al inicio del matrimonio. Doring, Habe y Leist en su libro *La pareja*, comentan:

> Lo ideal sería que marido y mujer llegaran vírgenes al matrimonio … La realidad se presenta muy diversa: antes del matrimonio los chicos tienen relaciones sexuales con las chicas, y éstas, en general, tienen su primera experiencia sexual con los jóvenes cuando aún están lejos de subir al altar. Por eso es bastante raro que en la noche nupcial se encuentren juntos dos "personas" sin experiencia.
>
> Cuando carecen de experiencia, existe el peligro de una

grande ilusión a causa de ideas erróneas y de expectativas demasiado elevadas y de la tensión nerviosa que se apodera de ambos.[4]

Estos autores comentan la realidad de la falta de virginidad al iniciarse el matrimonio, y es una triste realidad. Por eso afirmamos, en contra de la corriente de nuestro medio cultural, el valor de la virginidad del hombre y de la mujer previa al matrimonio. Es un bello, singular, único regalo que se ofrece sobre el altar del matrimonio ágape. A la vez reconocemos que la mayoría de varones han tenido experiencias sexuales antes de la boda. Aquí es donde los padres han fallado en la formación ética de sus hijos. La preparación prematrimonial no tiene que ser por experiencia sexual. Existe excelente literatura, consejería prematrimonial y otras fuentes que hoy proveen la necesaria orientación. Aprendan juntos, como socios iguales, sobre el sexo matrimonial.

He aquí unas breves sugerencias para guiarles en sus primeras noches. En primer lugar, *prepárense juntos.* Yo, Guillermo, recuerdo el caso de una boda en cierto país latinoamericano. Yo estaba de paso, pero asistí a la ceremonia y a la recepción porque tenía varios amigos allí. Para mí todo iba bien, cuando noté que la novia se había ausentado. Supuse que se estaba cambiando para salir de viaje con su esposo. Hice un comentario al respecto a una amiga, pero ella me dijo: "Guillermo, la están orientando". "¿Qué?" "Sí, la están orientando acerca de la información básica que ella necesita". Casi caí de espaldas, y lo peor fue cuando supe que la orientadora era una solterona de muchos años. Hay diferentes formas de recibir orientación, pero busquemos el mejor camino.

Como novios, deben tener un programa de lecturas sobre la familia cristiana. Estudien la perspectiva bíblica en cuanto a los papeles que Dios ha dado al hombre y a la mujer. Al acercarse a la fecha de la boda, lean libros sobre el placer sexual que Dios ha destinado para los dos.

Se sugiere una entrevista médica con un profesional capacitado, y de preferencia cristiano. Esto sirve para determinar si hay enfermedades que deben y pueden ser curadas, o enfermedades hereditarias que afecten al matrimonio y la procreación, u otros problemas que se pueden solucionar. La novia debe tener seguridad en que el himen, la membrana que se encuentra a la entrada de la vagina, no va a provocar problemas en el matrimonio. Pero un médico puede ayudar en muchas otras áreas. También pueden discutir con el médico el tema de la planificación familiar, y el método que van a seleccionar si desean postergar la llegada de los niños. Claro, parte de la entrevista será solo con la novia, y otra parte juntos.

Segundo, *es bueno reconocer que los dos probablemente se sentirán un tanto nerviosos al iniciar su vida conyugal.* Como ya se dijo, esto es normal. Deben dialogar al respecto, y aun reírse juntos acerca de algunos miedos. Oren juntos y aparte por su vida futura. Deben reconocer que posiblemente esa primera noche estarán tan cansados que no tendrán energías suficientes para comenzar bien en lo sexual. Siempre se recomienda que los dos duerman bien la noche anterior de su boda, en sus respectivas casas, y así puedan tener fuerzas para aguantar el gran día de la boda. Pero si están demasiado agotados, acaríciense, bésense, duerman juntos, y a la mañana siguiente comiencen la vida sexual íntima.

En tercer lugar, *lean el Cantar de los Cantares juntos esa noche.* Como ya se ha sugerido, tomen las voces del amado y la amada. Lean con entusiasmo y significado, recordando que ahora ustedes son los protagonistas del drama sensual cristiano.

En cuarto lugar, *no coloquen demasiadas expectativas y requisitos sexuales sobre los primeros días.* Al fin y al cabo, tendrán toda una vida para llegar a acoplarse y comunicarse con profundidad. Si tienen dificultades al inicio de la vida sexual, tengan paciencia. Si el problema persiste durante meses, busquen la orientación profesional médica.

Una sugerencia para el hombre. *Tenga paciencia con ella,* recordando que el "reloj" interno sexual de la mujer funciona a un diferente ritmo que el del hombre. El "motor sexual" de la mujer se calienta poco a poco, pero cuando llega a su clímax, es algo poderoso. Usted, como varón, se excita y se calma con rapidez. No exija lo mismo en ella. Debe llegar a ser un experto en caricias prolongadas que la ayuden a experimentar el gozo esperado. Especialícese en ternura y control. Jamás debe obligarla por la fuerza bruta a que le satisfaga solo a usted.

Y a las mujeres, las recomendamos *una igual comprensión.* Posiblemente, su joven esposo no podrá controlar sus deseos al inicio y tal vez tendrá su eyaculación antes de su propia excitación mayor como esposa. Sea paciente, y trabajen juntos. Tome usted la iniciativa en el juego sexual. Participe plenamente.

En sexto lugar, *lleven su "equipo" básico en la luna de miel.* Deben incluir una Biblia, un libro como *El placer sexual,* y otros materiales para la lectura. Sugiero que también lleven una gelatina vaginal para mayor lubricación en el acto sexual. También querrán tener una caja de delicadas servilletas de papel para limpiar el excesivo fluido seminal después del coito. Si utilizan un método anticonceptivo "mecánico" deben asegurarse de que lo tienen a mano. Si utilizan la "píldora", no la olviden. Joven esposa, desarrolle la práctica de vestirse atractiva y seductivamente para los encuentros sexuales. Adquiera camisones sensuales e imaginativos. Recuerde que en cierto sentido está regresando a Génesis 2:25. Y esta dimensión debe perdurar toda su vida matrimonial. Vayan con gozo, pero vayan preparados.

Finalmente, *aprendan juntos.* Tienen tiempo. Aprendan a conocer sus gustos, sus necesidades, sus habilidades, sus capacidades. Experimenten, sean creativos. Den gracias a Dios por su matrimonio. Afirmen de nuevo y a diario sus votos. Encaren las tensiones inevitables con amor ágape, el amor de sacrificio. Aprendan a pedir perdón y a perdonar. ¡Ámense!

Algunas conclusiones finales e íntimas

Hemos dicho mucho en este Capítulo. Hemos estudiado dos pasajes bíblicos, y hemos conversado íntimamente. Ahora concluimos con estas recomendaciones.

En primer lugar, *aprendan a entender las diferencias de atracción y expresión sexual.* El sexo para la mujer es solo una parte de su vida. Como mujer, ella tiene una visión global de la totalidad de la vida. Por eso no puede fácilmente hacer a un lado las tensiones y entrar plenamente y sin aviso en el acto conyugal. El hombre funciona con una mentalidad más fraccionada. Él puede satisfacerse de inmediato. Los dos tienen que entenderse. La gráfica de la curva de excitación sexual demuestra la diferencia entre el hombre y la mujer. Él puede excitarse y satisfacerse en breve, pero ella necesita más tiempo. Esto ha llevado a algunas personas a concluir que el hombre tiene más capacidad sexual que la mujer, pero no es así. La tarea del hombre es la de controlar sus deseos para que los dos suban juntos la montaña sexual. Esto significa que, para que haya mutua satisfacción, se requiere tiempo adecuado y prolongado. No es solo un asunto de 5 o 10 minutos. Recuerde, la mujer se "calienta" como una plancha y el hombre se "enciende" como una bombilla de luz. La línea quebrada ilustra el reto varonil: control y armonía.

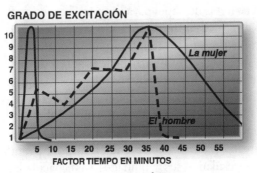

CURVAS DE EXCITACIÓN SEXUAL

Estudien lo que les gusta en particular. Esto tiene que ver con la frecuencia del acto sexual. Al inicia del matrimonio los dos querrán tenerlo más a menudo, porque ¡es tan estupendo! Y también son más jóvenes. Al pasar los años menguará la necesidad, y posiblemente llegarán a experimentarlo de una a tres veces por semana. Queda al gusto de cada pareja, pero hay que tener comprensión.

Otra recomendación tiene que ver con *la necesidad de estudiar las fases de la relación íntima.*

Estas fases varían en intensidad para el esposo y la esposa, pero siguen este patrón. Usted puede ver la relación entre esta gráfica y la anterior. La clave está en el control masculino para estimular con palabras y caricias a la esposa, y ella a él. Ella le debe indicar cuándo está llegando a su plena satisfacción para la introducción del pene en la vagina y así compartir esta dimensión tan íntima. Posteriormente, la fase de relajamiento sexual invita a los dos a una quieta participación de caricias y ternura. El esposo tiene que saber que no es justo que después de su eyaculación se dé la vuelta y se duerma. Algunas mujeres son capaces de múltiples orgasmos, dadas todas las circunstancias. Pero el hombre no es así. Una vez él ha eyaculado, tiene que esperar un buen tiempo hasta poder participar de nuevo y unas veinticuatro horas es normal para su "recuperación". La meta principal no tiene que ser el mutuo orgasmo, sino el mutuo placer sexual. Mucho depende de las actitudes positivas y sensibles de su técnica amorosa y del deseo compartido de satisfacer al cónyuge.

(1) Preludio de la excitación sexual inicial

(2) "Meseta" de la excitación creciente

(3) Clímax y plena satisfacción, eyaculación y orgasmo

(4) Relajamiento sexual y juego post-coito. Post-ludio

FASES DE LA RELACIÓN SEXUAL

En tercer lugar, se ruega que *se cuiden físicamente en cuanto a su atractivo personal.* Esposas, mantengan el dormitorio conyugal limpio y agradable. Muchas veces la esposa piensa, consciente o inconscientemente: "Ya lo pesqué. Ahora no tengo que preocuparme por atraerlo. Ya lo tengo". Esta es una actitud peligrosa. Hay demasiadas esposas que antes de casarse eran muy atractivas. Pero ahora han perdido su línea atractiva y algunas se asemejan a un saco de patatas. Cuiden su dieta, su ropa, su maquillaje, su ejercicio, su peinado. Recuerden que allá afuera, en el mundo cruel, hay otras candidatas para el afecto de su esposo. Las tentaciones son miles. Este cuidado lo deben tener los hombres también en cuanto a su persona y su atención romántica hacia su esposa. Los dos deben llegar al acto sexual bañados, limpios y fragantes. Pocas cosas apagan el ardor sexual tanto como un esposo que tiene olores ofensivos. Al mismo tiempo recuerden que el mundo secular nos impone su concepto de belleza, de perfección física, obviamente para la mujer pero también para el hombre.

Cuarto, *tengan cuidado de mantener sus relaciones sexuales en absoluta intimidad.* La puerta de su dormitorio debe poder cerrarse con llave. Las parejas sin niños tienen mayor libertad sexual en su residencia.

Finalmente, *den gracias a Dios por sus dádivas.* Gócense, reconociendo que el sexo es parte de la relación total. Crezcan en su vida global, sin olvidar que al pasar los años, la importancia del sexo cambiará para los dos. Será bueno recordar que la potencia sexual del hombre es mayor en la primera etapa de su edad adulta, y después mengua. Pero la potencia sexual de la mujer aumenta más tarde que la del hombre y mengua años después.

Esta gráfica ilustra el lugar que la relación sexual tiene en el cuadro total del matrimonio. Al inicio juega un papel preponderante, pero más adelante se reduce su importancia. Pero la curva de amistad, compañerismo y comunión tiene que estar en un ascenso real para tener un matrimonio sano, feliz y cristiano. Un breve consejo a los mayores de edad. No crean que una vida sexual satisfactoria les sea imposible. Mucho depende del cuadro más amplio de ternura y amor entre esposos, y el hecho de hay legítimo deseo sexual.

Que Dios les bendiga. Que su matrimonio refleje al mundo satisfacción y gozo porque lo hay en verdad. Que su vida conyugal esté caracterizada por el placer y la creatividad sexual, reconociendo que esta condición positiva depende del matrimonio completo que está marcado por la amistad, el compañerismo y la armonía.

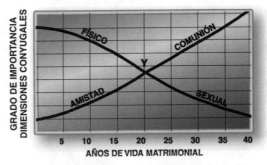

CURVAS DE LA DIMENSIÓN SEXUAL Y AMISTAD

Preguntas sobre el capítulo 7

1. ¿Por qué hay un concepto tan fuerte, o negativo, del sexo en nuestro ambiente?
2. ¿Por qué "el sexo vende la mercadería"?
3. ¿Cuál era el concepto del sexo en el hogar donde usted se crió?
4. ¿Cómo y por qué es que los conflictos de la niñez referente al sexo afectan la vida sexual matrimonial?
5. ¿Cómo podemos renovar nuestra mente en lo que respecta al sexo?
6. ¿Qué significa "aceptar nuestra sexualidad"?
7. ¿Por qué será que Dios diseñó la relación sexual para el matrimonio y solo para el matrimonio?
8. ¿Por qué es que la Biblia usa el vocablo "conocer" para la relación sexual?
9. ¿Qué pueden hacer el esposo y la esposa para evitar la infidelidad sexual?
10. Habiendo leído el Cantar de los Cantares, ¿cuáles son sus impresiones del libro?
11. ¿En qué maneras puede la esposa tomar la iniciativa sexual con su esposo?
12. ¿Cómo se puede aconsejar a una esposa que dice "yo solo cumplo" en la relación sexual? ¿Y a su esposo?
13. ¿Cuál es la importancia de conocer las curvas de excitación sexual?
14. ¿Cómo resumiría usted el concepto bíblico de la relación sexual íntima?

CAPÍTULO 8

Libertad financiera en nuestra familia

Pocas cosas provocan tanta tensión como el problema de las finanzas, y pocas cosas prueban nuestra espiritualidad tanto como el uso del dinero. Por eso tenemos que considerar el tema aplicado al hogar. Si logramos acuerdo familiar en cuanto a las finanzas, hemos ganado un gran premio. Pero si hay desacuerdo, mala administración, escasez o aun exceso, entonces sí que vienen los problemas. Y si nuestra mentalidad está marcada por el espíritu de consumo tendremos que luchar fuertemente para vencer actitudes no bíblicas.

La mayordomía cristiana

Antes de entrar en el detalle económico, pintemos el cuadro más amplio de la mayordomía cristiana.

La mayordomía cristiana es el servicio que el cristiano rinde a Dios, reconociendo que todo lo que es y tiene es un regalo de Dios y debe ser administrado de acuerdo a su voluntad y para su gloria.

De esta definición nacen varios principios que pueden guiarnos a establecer actitudes cristianas respecto al dinero. En primer lugar, *tengo que reconocer que todo lo que soy y tengo es de Dios.* Recordemos Santiago 1:16-17:

Amados hermanos míos, no erréis. Toda buena dádiva y todo

don perfecto desciende de lo alto, del Padre de las luces, en el cual no hay mudanza, ni sombra de variación.

Pablo aclara en 1 Corintios 4:7 con palabras fuertes:

Porque, ¿quién te distingue? ¿O qué tienes que no hayas recibido? Y si lo recibiste, ¿por qué te glorías como si no lo hubieras recibido?

Nada de lo que soy y tengo es mío solo, sino de Dios.

Aunque parezca ilógico, la administración sabia del dinero en el hogar se hace posible cuando en primer lugar la vida de los cónyuges se ha entregado a Dios. Este es un golpe duro al materialismo que proclama que la equitativa distribución de la riqueza solventará los problemas del mundo. También golpea al que cree que la adquisición de bienes y cosas le traerá satisfacción. Pero si hemos llegado al reconocimiento de que todo es de Dios, que nada de lo que poseemos es nuestro, entonces estamos en la actitud correcta y en la capacidad adecuada para administrar el dinero. Entregue a Dios toda su capacidad para ganar dinero. Entréguele el "título de propiedad" de todos sus bienes.

Un segundo principio que se desprende del primero es simplemente, que el *100% de mi dinero y mis bienes pertenecen a Dios.* Muchas veces sentimos como cristianos que lo que sí es de Dios es solo el porcentaje que "le regalamos", pero lo que resta (la mayoría), esto sí que es nuestro. La Biblia no permite esta actitud, y más bien juzga al cristiano que opera bajo esos móviles inadecuados. A Dios le interesa el 100% de mi dinero.

Por otro lado, algunos creen que el dinero en sí es la raíz de todos los males, citando mal 1 Timoteo 6:10. Pablo aclara que es el "amor al dinero" la raíz de todos los males. Esto toca mis móviles más profundos, mis actitudes, y el comportamiento que surge de ellos. Pero hay libertad grande que nace cuando nos damos cuenta de que todo es del Señor.

La verdad es que jamás tendremos "suficiente" dinero para quedar satisfechos. Aquí solamente hay que observar a algunas de las personas más ricas del mundo. Nunca descansan. Siempre quieren más, y muchos no se preocupan por los medios que utilizan para adquirir bienes materiales. En el ámbito de familia cristiana que no tiene muchos ingresos, nunca parece haber "suficiente", ni mucho menos superávit. Y así es la vida, porque nuestro apetito económico crece aún más rápido que nuestra capacidad.

En tercer lugar, *es fundamental que toda familia fije prioridades concretas para las necesidades de su vida*. Las Escrituras tienen muchos pasajes que afirman este principio.

Lucas 12:13-21 desarrolla un diálogo y ofrece una parábola para enseñar acerca de las prioridades en esta área:

Le dijo uno de la multitud: Maestro, di a mi hermano que parta conmigo la herencia. Mas él le dijo: Mirad, y guardaos de toda avaricia; porque la vida del hombre no consiste en la abundancia de los bienes que posee. También les refirió una parábola, diciendo: La heredad de un hombre rico había producido mucho. Y él pensaba dentro de sí, diciendo: ¿Qué haré, porque no tengo donde guardar mis frutos? Y dijo: Esto haré: derribaré mis graneros y los edificaré mayores, y allí guardaré todos mis frutos y mis bienes; y diré a mi alma: Alma, muchos bienes tienes guardados para muchos años; repósate, come, bebe, regocíjate. Pero Dios le dijo: Necio, esta noche vienen a pedirte tu alma; y lo que has provisto, ¿de quién será? Así es que el que hace para sí tesoro, y no es rico para con Dios.

Las palabras de nuestro Señor son fuertes en cuanto a la avaricia, problema que todos hemos enfrentado y con el cual algunos luchan bastante. Pero Él no termina aquí, porque continúa enseñando directamente sobre los valores y el dinero. Noten Lucas 12:22-34:

Dijo a sus discípulos: Por tanto os digo: No os afanéis por vuestra vida, qué comeréis; ni por el cuerpo, qué vestiréis. La vida es más que la comida y el cuerpo que el vestido. Considerad los cuervos, que ni siembran, ni siegan; que ni tienen despensa, ni granero, y Dios los alimenta. ¿No valéis vosotros mucho más que las aves? ¿Y quién de vosotros podrá con afanarse añadir a su estatura un codo? Pues si no podéis ni aun lo que es menos, ¿por qué os afanáis por lo demás? Considerad los lirios, cómo crecen; no trabajan, ni hilan; mas os digo, que ni aun Salomón con toda su gloria se vistió como uno de ellos. Y si así viste Dios la hierba que hoy está en el campo, y mañana es echada al horno, ¿cuánto más a vosotros, hombres de poca fe? Vosotros, pues no os preocupéis por lo que habéis de comer, ni por lo que habéis de beber, ni estéis en ansiosa inquietud. Porque todas estas cosas buscan las gentes del mundo; pero vuestro Padre sabe que tenéis necesidad de estas cosas. Mas buscad el reino de Dios, y todas estas cosas os serían añadidas. No temáis, manada pequeña, porque a vuestro Padre le ha placido daros el reino. Vended lo que poseéis, y dad limosna; haceos bolsas que no se envejezcan, tesoro en los cielos que no se agote, donde ladrón no llega, ni polilla destruye. Porque donde está vuestro tesoro, allí estará también vuestro corazón.

Observen cuántas veces Cristo subraya tensiones y actitudes con "no os afanéis", o "no os preocupéis", o "no temáis". Esta lección es tremendamente difícil de aprender para muchos, porque, francamente, desconfían de la capacidad divina para proveer lo necesario para su vida y sustento. El último versículo pone el dedo en la llaga. Cristo entendía los problemas de los hombres, y sabía que era muy fácil confundir las prioridades. ¡Qué gozo es conocer a algunos cristianos a quienes Dios les ha dado mucho en lo material y parece que Dios puede confiar en ellos! Tienen mucho, pero su corazón no está enfocado a los tesoros materiales, porque ellos regalan un porcentaje muy alto de sus ingresos. En cambio, conozco a otros cristianos con un espíritu de codicia, ansiosos de adquirir más, y amargados porque tienen tan poco.

Tenemos que evaluar nuestras actitudes hacia lo más importante en la vida. Si Dios me ha dado un empleo en el cual gano poco, regular o bien, debo darle gracias a Él por el trabajo. Y mi trabajo, cualquiera que sea, debe ser excelente en calidad, siendo fiel a las normas cristianas del trabajador. Debo ser constante y honrado en mi trabajo. Y si tiene oportunidad de avanzar en su trabajo, hágalo y dé gracias a Dios.

Para los que inician su vida en su vocación o empleo, sean casados o solteros, les animamos a entregar sus habilidades y conocimientos al Señor, así como todo lo que ganan. Tengan cuidado de no "metalizarse", de afanarse en el espíritu de la sociedad anticristiana de consumo.

El cuarto principio enfoca una dimensión algo diferente: *Desarrolle un espíritu de contentamiento con lo que Dios le ha dado.* En 1 Timoteo 6:6-8 se trata esta actitud:

Pero gran ganancia es la piedad acompañada de contentamiento: porque nada hemos traído a este mundo, y sin duda nada podremos sacar. Así que, teniendo sustento y abrigo, estemos contentos con esto.

Este pasaje nos ofrece una gran lección que todos necesitamos apreciar y apropiar para nuestra vida financiera familiar. Es muy fácil afanarse, temiendo que en realidad Dios no entiende nuestra situación, y tendremos que seguir nuestra acción propia para ayudar a Dios.

De nuevo, Cristo exhorta a la actitud correcta en Mateo 6:31-34:

No os afanéis, pues, diciendo: ¿Qué comeremos, o qué beberemos, o qué vestiremos? Porque los gentiles buscan todas estas cosas; pero vuestro Padre celestial sabe que tenéis necesidad de todas estas cosas. Mas buscad primeramente el reino de Dios y su justicia, y todas estas cosas os serán añadidas. Así que, no os afanéis por el día de mañana, porque el día de mañana traerá su afán. Basta a cada día su propia mal.

Es notable que en la gran oración del "Padrenuestro", Cristo enseña que debemos pedir por el pan cotidiano, punto. Esto no desprecia las peticiones que tienen que ver con otras dimensiones de la vida material, pero parece que ese es el compromiso concreto que Dios hace con nosotros: proveer para las necesidades básicas.

A la vez, Dios ha puesto en nuestro corazón el impulso de la superación. Nadie debe concluir que uno no debe avanzar en responsabilidad, trabajo y remuneración. Sí, debemos esforzarnos por una superación económica, y debemos estudiar más si esto nos va a abrir la puerta. Debemos cambiar de trabajo, ordenadamente y de acuerdo a las normas, si en el cambio podemos proveer mejor para la familia. Pero en todo, cuidémonos de la codicia y la avaricia.

Una quinta sugerencia subraya *nuestra responsabilidad con nuestros hijos*. Enseñemos a nuestros hijos a desarrollar actitudes bíblicas en cuanto al dinero y a ser responsables en su manejo. Todos nosotros, como padres, hemos tenido que luchar con peticiones de los chicos que, al parecer, dan por sentado que el dinero viene "así porque sí". Nos piden cosas que no podemos comprar, y parece que ellos siempre quieren más. ¿Cómo vamos a enseñarles actitudes correctas en las finanzas? Bueno, comencemos con la demostración de actitudes correctas nuestras hacia el dinero. Si en la casa los niños escuchan a los padres en discusiones y peleas respecto al dinero, ellos captarán esa actitud. Pero si los padres viven en carne propia las prioridades cristianas hacia el dinero y la generosidad, esas actitudes buenas serán captadas por ellos.

Además, en muchas familias los padres dan a sus chicos una pequeña suma semanal para su propia administración. Esto puede comenzar cuando ellos inician sus estudios de primaria. No tiene que ser mucho, y siempre debe ir acompañado por una instrucción inicial. Los padres hacen esto para estimular a los hijos a manejar el dinero correctamente. De ese dinero, ellos ofrendan a la iglesia, ahorran para comprar algo más costoso, y gastan el resto en lo que desean. Buenos padres no permiten que los hijos malgasten el dinero en dulces y golosinas por razones de dieta, y para evitar gastos más adelante con el odontólogo. La cantidad de dinero va aumentando conforme a la edad de los niños, hasta el punto en que ellos mismos puedan trabajar y ganar algo.

A veces este dinero va ligado a pequeños trabajos en el hogar, porque esto es otra manera de enseñarles responsabilidad. Los niños pueden barrer, fregar, trabajar en el jardín o huerta, sacar la basura, y por cierto, cada uno debe hacer su propia cama por la mañana y mantener su cuarto en orden. Estos trabajos pueden variar con frecuencia. ¡No debemos comunicar la idea de que solo el hacer la cama requiere un pago de los padres!

También podemos enseñar a los hijos a ahorrar, si es posible dentro del presupuesto familiar. Conocemos a unos padres que se comprometieron a ahorrar una suma igual a la suma que ellos ahorran. En una ocasión al viajar el banco para depositar los ahorros, francamente le salió caro el viaje, porque los dos hijos mayores tenían, para ellos, una fuerte suma. Pero se regocijaron, sin embargo, al ver esta naciente actitud.

En todo tenemos que demostrar amor por nuestros niños, con o sin dinero. Algunos crecimos en hogares repletos de amor y gozo, aunque los padres nunca tuvieron mucho dinero. Recuerdo una vez en mi niñez que les pedí a mis padres un triciclo grande. La respuesta fue: "Hijo, no tenemos dinero para eso. Pero hagamos algo juntos". El golpe inicial de la negación de la petición pasó, y ahora uno da gracias a Dios por el espíritu de contentamiento y satisfacción en el hogar desde la niñez.

En sexto lugar, *salga cuanto antes de todas sus deudas*. Proverbios

22:7 advierte que "el rico se enseñorea de los pobres, y el que toma prestado es siervo del que presta". Y Romanos 13:8 dice: "No debáis a nadie nada". Todos probablemente sabemos que algunas cosas sí se tienen que comprar al crédito o tomando un préstamo, por ejemplo una casa. Este préstamo puede ser una sabia inversión a la larga, aunque se pague mucho en intereses. Al pasar los años, esperamos que la plusvalía de la casa aumente, y algún día se tendrá una casa completamente pagada.

Pero no compre a crédito. Ahorre antes de comprar y esto le permitirá ahorrar en la compra. Muchas casas comerciales dan fuertes descuentos al cliente que está dispuesto a cancelar todo en un pago. Así usted se evita los intereses, y aprende disciplina en la adquisición de los bienes materiales. Algunas personas sabias han tenido que quemar sus tarjetas de crédito (después de pagar lo debido), porque la falta de disciplina les ha llevado casi a la ruina financiera.

El principio final es tal vez el más difícil: *Elabore y aprenda a vivir bajo un presupuesto familiar.* Muchas personas han dicho: "Es que mis entradas fluctúan de mes en mes. Si tuviera un salario fijo entonces sí podría funcionar con un presupuesto". Otras dicen: "Probamos a hacerlo así una vez, pero no funcionó". Esto no es nada más que falta de conocimiento o la excusa de un perezoso mental. Todos podemos hacerlo, aunque no es fácil. Y para ayudarnos a formular el presupuesto, aquí siguen unas sugerencias concretas.

Hacia una sabia administración del dinero con un presupuesto

¿Quién administra el dinero? Una de las ventajas de vivir bajo un presupuesto es que se elabora con la participación del esposo y la esposa. Normalmente suele que el hombre ofrece el liderazgo al guiar el hogar en la vida financiera. Sin embargo, no todos los hombres tienen habilidades administrativas, y hay casos en que la esposa es una excelente administradora. En tales situaciones siempre hay diálogo en cuanto a la distribución del dinero, pero los detalles podrán dejarse a la persona más capaz en la administración. El presupuesto permite que los dos se involucren para determinar cómo y dónde se distribuirá el dinero.

Una de las primeras tareas es la de unificar las entradas de dinero familiar. Tal vez solamente el esposo trabaje fuera del hogar (la esposa siempre trabaja "sin salario" en el hogar) ganando un salario. Si la esposa también gana un salario, las dos fuentes entran a la caja común. No es un asunto de que "lo mío es mío" y "lo tuyo es tuyo". No, los dos son uno. Si hay hijos adultos en la casa que ganan un sueldo, hay que tomar esa entrada en cuenta. Ellos tienen la responsabilidad de contribuir a la caja familiar, asegurando que cubren por lo menos su parte de los gastos en forma generosa.

En un caso de consejería la pareja vino en busca de orientación previa al matrimonio, y cuando se tocó al tema de las finanzas, la diferencia de opinión y práctica se palpaba. La novia tenía en mente que ella continuaría con "mi trabajo y mi salario", y el novio con el suyo. Lo delicado era que ella ganaba más que él, y que no estaba dispuesta a unificar los salarios en la caja común familiar. Pero fue por medio de la elaboración del presupuesto que se logró la unidad.

Los siguientes pasos le pueden guiar para elaborar el presupuesto. Primero, *estimar cuáles son sus entradas por mes de todas sus fuentes:* salario o sostén profesional, intereses, remesas familiares, alquileres, cosechas y toda otra posibilidad.

En segundo lugar, *establezca sus gastos mensuales.* Estos son los gastos fijos: ofrendas al Señor, impuestos, deudas, ahorros, alquiler o pago mensual de la casa, seguros, luz, agua, gas, calefacción, etc. Estos son gastos que casi no varían de mes a mes. El renglón ahorros sirve para emergencias también. Elabore la lista de los otros gastos: alimentación, medicinas, diversión y recreación, ropa, transporte, dinero para uso personal de la esposa y el esposo, material para lectura y otros.

Habiendo apuntado todos los gastos, súmelos y anote la diferencia entre entradas y gastos. Estas estimaciones forman la médula de su presupuesto mensual. Normalmente sus entradas deben exceder a sus gastos, pero algunos meses habrá más gastos que entradas. El ahorro puede ayudarles aquí para el equilibrio financiero.

Si los gastos exceden grandemente las entradas, su responsabilidad es bajar los gastos o buscar más entradas. Generalmente hay que hacer lo primero: reducir los gastos.

Ya con un presupuesto, deben adquirir una pequeña libreta para ir apuntando diariamente las salidas de dinero. Después de apuntar estas salidas puede compararlas con el presupuesto elaborado, para la revisión y ajuste necesario.

Modelos de presupuestos

Primer modelo: Presupuesto de Juan y Carmela Martínez

TOTALES

Durante el mes (semana, quincena) _____ _____
        ganamos un total de _____
Gastos: Ofrendas al Señor _____
        Impuestos _____
        Suma y resta de lo que ganamos _____

                           Sueldo neto: _____

Divida el sueldo neto de esta manera:
  1. Futuro: 10% Ahorros y emergencia _____
  2. Pasado: 20% Pagar deudas y ahorrar para
                comprar al contado _____
  3. Presente: 70% Todos los gastos de la vida diaria _____

Sume y reste este total del suelo neto.
Si hay que ajustar gastos, hágalo pronto. _____

Segundo modelo: Presupuesto de Mario y Rebeca Gutiérrez

Entradas: Esposo _____
           Esposa _____
           Otros _____
           Total _____
Salidas:
  1. Ofrendas _____
  2. Impuestos _____
  3. Deudas _____
  4. Ahorros _____
  5. Vivienda _____
  6. Alimentación _____
  7. Luz
  8. Agua _____   Total entradas _____
  9. Gas
10. Transporte
11. Seguros _____   Total salidas _____
12. Ropa
13. Medicina _____   Diferencia _____
14. Personal (ella) _____
            (él) _____
15. Recreación _____
16. Otros _____
    Total _____

Habiendo concluido la elaboración del presupuesto, trabajo de esposo y esposa, pidan al Señor el poder para cumplir con el proyecto financiero que se han propuesto. No es fácil, y la tensión que viene a raíz del manejo del dinero puede provocar problemas. Pero "hablando se entiende la gente". Una nota a los esposos: escuchen bien a sus esposas cuando ellas detallan las necesidades de los gastos hogareños. Muchas veces el esposo siente que la esposa solo pide más y más, que no es responsable, que debe buscar más en ofertas y otras críticas. En un caso, la esposa, al escuchar al marido quejarse así, sugirió cambiar los papeles en el hogar por ocho días para que el esposo pueda sentir en carne propia el trabajo que significa mantenerse dentro del presupuesto.

Habiendo controlado sus déficit con el poder del Espíritu, al pasar los meses podrán hacer ajustes. Pueda que reciba un aumento de salario. Si hay superávit, den gracias a Dios, y ofrenden más al Señor.

Algunas sugerencias prácticas para guiarle en sus compras

Generalmente, uno como adulto tiende a actuar tal y como lo criaron en su propio hogar. Si nuestros padres fueron responsables en el uso del dinero, así seremos nosotros. Desdichadamente, demasiadas personas vienen de hogares caracterizados por la irresponsabilidad financiera. Estas personas, al crecer y armar su propio hogar, tienen que esforzarse para aprender sanas costumbres en el uso del dinero. Aquí vienen algunas ideas sencillas que podrán servir de ayuda en sus compras.

En primer lugar, *antes de comprar, compare valores.* No se habitúe a comprar siempre en las mismas tiendas. Y al comparar valores, no solo compare precios, sino también la calidad, el diseño y el propósito del producto.

Segundo, *seleccione estilos básicos.* Mientras más simple sea el estilo, más inversión hay en los materiales mismos y menos en decoración y mano de obra. Y en asuntos de vestido, las modas que tienden a ser más sencillas tienen menos tendencia a ponerse fuera de moda. Para el cristiano creo es saludable no ser el primero ni el último en ajustarse a las modas cambiantes.

En tercer lugar, *compre productos conocidos*, fabricados por las mismas casas comerciales o marcas local o internacionalmente conocidas. Haga esto tomando también en cuenta la calidad de los productos.

Cuarto, *manténgase en los precios intermedios*. Muchas veces uno compra barato pensando que así va a ahorrar, pero lo que ha comprado se desgasta o deshace pronto. Pero muchas veces cuando se compra un producto un poco más caro, le va a durar mucho más tiempo y le servirá mucho más.

Quinto, *revise los ingredientes antes de comprar*. Muchos expertos en mercadería y propaganda saben que la mayoría de la gente es ingenua al comprar. En un experimento que se hizo, al cambiar solamente la etiqueta del producto alimenticio las personas afirmaban que el sabor del "nuevo producto" era mucho mejor basados solo en la etiqueta. En asuntos de comida, averigüe si el producto tiene preservantes químicos. Uno debe evitar ingerir estos elementos. En compras de cereales para el desayuno, asegúrese de que la comida tiene valor alimenticio y con menos azúcar. No se deje llevar por lo atractivo del paquete o por los regalos incluidos. Al comprar ropa, busque qué fibra es, prefiriendo materiales naturales como algodón o lana.

Sexto, *no pague más solo por conveniencia*. Invierta tiempo para comprar a mejor precio. La tendencia es la de comprar cerca de casa, pero puede ser más caro en la tienda pequeña, mientras que a una distancia mayor se puede ahorrar bastante. Trate de establecer cuánto paga por empaque y transporte.

Séptimo, *aproveche las ventas de oportunidades en gangas o rebajas*. Conozca sus necesidades familiares de antemano, y manténgase a la expectativa de oportunidades y ofertas, en vez de esperar hasta que la necesidad imperiosa se haga presente y usted tenga que comprar "ya" y más caro. Muchas tiendas de alimentos tienen cupones o días de ofertas. Compre en esos días para ahorrar.

Octavo, si puede, *compre al por mayor y en tamaños grandes*. En esta manera uno puede ahorrar a la larga, aunque el gasto sea más fuerte al inicio. Pero siempre asegúrese de que sí está ahorrando. Otro ahorro viene al asociarse a una cooperativa de consumo donde se han hecho las compras al por mayor y los miembros comparten las responsabilidades de compra, venta y distribución.

Noveno, *evite comprar a crédito cualquier producto, y salga lo antes posible de todas sus deudas.* Cuidado con el uso de tarjetas de crédito que muchas veces engañan al comprador, haciéndole pensar que es una gran ventaja. Las tarjetas de crédito son un enorme negocio porque tienen altos intereses mensuales, y castigan al cliente que no paga la mensualidad en su totalidad.

Finalmente, *evite la tendencia de comprar sin previa evaluación.* Muchas esposas envían al marido al supermercado siempre con una lista concreta, porque ellas saben que los hombres son propensos a comprar "al impulso". Se ha establecido que el varón es menos disciplinado en las compras en el mercado, y esto puede representar un peligro para el presupuesto familiar.

Las ofrendas de la familia cristiana

Ya habrán notado que en ambos modelos de presupuestos las ofrendas aparecen en el primer renglón. Se hizo así porque así debe ser. Muchas familias ofrendan al Señor "lo que sobra", y por eso son limosneros en su mayordomía. Puede ser un paso arriesgado poner la cantidad fija de la ofrenda al inicio del presupuesto, pero Dios está muy dispuesto a bendecir a la familia que tiene estas prioridades establecidas.

Las ofrendas en las Escrituras

La Biblia tiene entretejidos a través de sus páginas muchos ejemplos e instrucciones referentes a las ofrendas. El tema lo encontramos desde el Génesis hasta el Apocalipsis. En el Antiguo Testamento la ofrenda se inicia como una expresión voluntaria. En Génesis 14:17-20 notamos que Abraham, siglos antes a la ley mosaica, ofrendó los diezmos con un corazón agradecido al Señor. Era una ofrenda libre que expresaba su fe, y la colocó a los pies del misterioso Melquisedec, rey de Salem y sacerdote del Dios Altísimo. Jacob, en Génesis 28:20-22, hizo voto de ofrenda de sus diezmos al Señor.

Cuando llegamos al tiempo de la ley, el diezmo llega a ser un mandamiento para todo el pueblo de Israel. Note los siguientes pasajes.

Deuteronomio 12:6, 17-18:
Y allí llevaréis vuestros holocaustos, vuestros sacrificios,

vuestros diezmos, y la ofrenda elevada de vuestras manos, vuestros votos, vuestras ofrendas voluntarias, y las primicias de vuestras vacas y de vuestras ovejas.

Ni comerás en tus poblaciones el diezmo de tu grano, de tu vino o de tu aceite, ni las primicias de tus vacas, ni de tus ovejas, ni los votos que prometieres; ni las ofrendas voluntarias, ni las ofrendas elevadas de tus manos; sino que delante de Jehová tu Dios las comerás, en el lugar que Jehová tu Dios hubiere escogido, tú, tu hijo, tu hija, tu siervo, tu sierva, y el levita que habita en tus poblaciones; te alegrarás delante de Jehová tu Dios de toda la obra de tus manos.

Deuteronomio 14:22-29:
Indefectiblemente diezmarás todo el producto del grano que rindiere tu campo cada año. Y comerás delante de Jehová tu Dios en el lugar que él escogiere para poner allí su nombre, el diezmo de tu grano, de tu vino y de tu aceite, y las primicias de tus manadas y de tus pagados, para que aprendas a temer a Jehová tu Dios todos los días. Y si el camino fuere tan largo que no puedas llevarlo, por estar lejos de ti el lugar que Jehová tu Dios hubiere escogido para poner en él su nombre, cuando Jehová tu Dios te bendijere, entonces lo venderás y guardarás el dinero en tu mano, y vendrás al lugar que Jehová tu Dios escogiere; y darás el dinero por todo lo que deseas, por vacas, por ovejas, por vino, por sidra, o por cualquier cosa que tú deseares; y comerás allí delante de Jehová tu Dios, y te alegrarás tú y tu familia. Y no desampararás al levita que habitare en tus poblaciones; porque no tiene parte ni heredad contigo. Al fin de cada tres años sacarás todo el diezmo de tus productos de aquel año, y lo guardarás en tus ciudades. Y vendrá el levita, que no tiene parte ni heredad contigo, y el extranjero, el huérfano y la viuda que hubiere en tus poblaciones y comerán y serán asociados; para que Jehová tu Dios te bendiga en toda obra que tus manos hicieren.

Deuteronomio 26:12:
Cuando acabes de diezmar todo el diezmo de tus frutos en el

año tercero, el año del diezmo, darás también al levita, al extranjero, al huérfano y a la viuda; y comerán en tus aldeas, y se saciarán.

El pueblo de Israel tendría que ser caracterizado como un pueblo generoso. Algunos han sugerido que el total de todas sus ofrendas sumaba el 30% de sus entradas globales, aunque si combinamos todos los pasajes y los estudiamos bien, no hay una suma clara. Muchas de sus ofrendas iban destinadas a los levitas, y a su vez ellos deberían ofrendar el diezmo de lo que recibían. Lo que sí es claro es que el pueblo por lo menos ofrendaba el 10%. Y más allá de este porcentaje estaban las ofrendas voluntarias. En Deuteronomio 16:17 leemos: "cada uno con la ofrenda de su mano, conforme a la bendición que Jehová tu Dios te hubiere dado". Y en Esdras 2:69 observamos que el pueblo de Israel "según sus fuerzas dieron al tesoro de la obra ...".

Cuando llegamos al Nuevo Testamento no tenemos un mandato de un porcentaje preciso. Las referencias al diezmo que aparecen, en realidad no reflejan un cuadro positivo hacia el diezmo, y Cristo, en Lucas 11:42 y 18:12 juzga fuertemente a los fariseos por su legalismo y autojustificación. En sus cartas los apóstoles nunca mandaron el diezmo, porque bajo la gracia la ofrenda no se limita a ese porcentaje. Estudiemos tres pasajes claves que enseñan la actitud y el método de la ofrenda del cristiano.

Cada primer día de la semana cada uno de vosotros ponga aparte algo, según haya prosperado, guardándolo, para que cuando yo llegue no se recojan entonces ofrendas (1 Corintios 16:2).

Asimismo, hermanos, os hacemos saber la gracia de Dios que se ha dado a las iglesias de Macedonia; que en grande prueba de tribulación, la abundancia de su gozo y su profunda pobreza abundaron en riquezas de su generosidad. Pues doy testimonio de que con agrado han dado conforme a sus fuerzas, y aun más allá de sus fuerzas, pidiéndonos con muchos ruegos que les concediésemos el privilegio de participar en este servicio para los santos. Y no como lo esperábamos, sino que a sí mismos se dieron primeramente al Señor, y luego a nosotros por la voluntad de Dios. (2 Corintios 8:1-5)

Pero esto digo: El que siembra escasamente, también segará escasamente; y el que siembra generosamente, generosamente también segará. Cada uno dé como propuso en su corazón: no con tristeza, ni por necesidad, porque Dios ama al dador alegre. Y poderoso es Dios para hacer que abunde en vosotros toda gracia, a fin de que, teniendo siempre en todas las cosas todo lo suficiente, abundéis para toda buena obra. (2 Corintios 9:6-8)

De estos tres pasajes parten los principios básicos que nos guían al desarrollar nuestro ministerio familiar de ofrendas. En primer lugar, *debemos tener un plan personal,* conforme a "cada primer día de la semana cada uno ... ponga aparte algo". Algunas familias han elaborado la forma de sus ofrendas. Han decidido el porcentaje que van a dar; la distribución especifica a varios ministerios y personas en la obra del Señor; y la forma en que van a entregar la ofrenda. La iglesia a la cual usted pertenece tiene un lugar primordial, pero también es bueno invertir en otros ministerios que respetan y cuya misión apoyan.

El plan, además, está personalizado conforme al salario, "según haya prosperado". Esto libera al cristiano de ser esclavo del diezmo, y le permite aumentar el porcentaje de sus ofrendas personales. Si usted tiene bajo control su estilo de vida, y no tiene la necesidad psicológica de comprar más y más cosas, entonces al recibir aumento de salario, puede dar más al Señor. Un médico y su esposa han enseñado a muchos en esta área. Ellos se propusieron limitar su estilo de vida a cierto nivel, y de ese punto en adelante decidieron regalar el 35% de sus entradas globales. Fue un gran paso de fe, pero Dios les ha cuidado claramente. Otros tienes un salario variado de mes a mes, pero han establecido un porcentaje fijo de sus entradas, sean cuales sean. A veces ofrendan mucho más que en otras ocasiones y a veces menos. Pero su "porcentaje de fe" no varía.

Un segundo principio de nuestras ofrendas es que *Dios primero quiere tenemos a nosotros mismos como ofrenda.* Este es el enfoque de 2 Corintios 8:1-5. Ellos primeramente se dieron al Señor, y luego a la ofrenda. Dios no está tan interesado en el porcentaje que regalemos, como en nosotros mismos, y en el porcentaje que nos queda. Usted nunca podrá ofrendar con alegría si primeramente no se ha entregado en consagración al Señor.

En tercer lugar, *la actitud cristiana al ofrendar es clave*. No debemos dar con tristeza, sino con alegría. Este vocablo de 2 Corintios 9:7, "alegre", se refiere al que ofrenda con gusto, con regocijo, que se desprende de sus bienes con satisfacción profunda. Probablemente todos hemos conocido a hermanos que ofrendan pero con dolor visible en la cara. Quieren que se les ruegue y al fin ofrendan, pero no con alegría. Da gusto ver a hermanos que ofrendan con satisfacción visible en sus caras, sintiendo que es un privilegio dar.

Un cuarto principio enfoca *el espíritu de ofrendar con generosidad*, porque "el que siembra escasamente, también segará escasamente" y viceversa. Esta verdad tiene gran apoyo en las palabras de Cristo en Lucas 6:38:

> Dad y se os dará; medida buena, apretada, remecida y rebosando darán en vuestro regazo; porque con la misma medida con que medís, os volverán a medir.

Algunos sugieren que el cristiano debe ofrendar hasta llegar al punto de causarle "dolor". Hay cristianos que ofrendan a la obra del Señor como si estuvieran dando monedas al mendigo, pero hay otros que con amplitud ofrendan, y Dios les protege y les provee.

Finalmente, estos pasajes nos enseñan que *Dios cuida de sus dadores, y les multiplica personalmente bendiciones para su vida*. Algo curioso sucede en familias que ponen en el primer renglón de su presupuesto las ofrendas al Señor. Pareciera a veces que no van a poder cumplir con sus otros compromisos, pero en formas casi misteriosas, Dios provee. En muchos casos, hay entradas de dinero totalmente inesperadas. También se ha notado que los cristianos que ofrendan generosamente son objeto de la bendición de Dios, "abundando para toda buena obra". Es como que si Dios les estuviera probando en esta área, y al triunfar, Dios se encarga de abrirles los horizontes de bendición. Pero tampoco hay garantía absoluta aquí, y jamás debemos negociar con Dios, ni obligarlo a regalar lo que queremos como prueba de nuestra fe. A todos les decimos que tengan cuidado con el tal llamado "evangelio de la prosperidad".

Elaborando nuestro plan de ofrendas

Aquí se ofrecen sugerencias sencillas. *Comiencen fijando un porcentaje de sus entradas globales para las ofrendas.* Esto lo debe hacer en diálogo con su cónyuge. Y si uno de los dos sugiere un porcentaje más alto, ¿por qué no utilizar esa cifra como reto de su fe? ¿Cuál debe ser el porcentaje? Bueno, si el 10% en el Antiguo Testamento era la base, tal vez podríamos comenzar allí, pero si no quieren ser legalistas, empiecen con el 11%.

Después, *decidan cómo lo van a distribuir.* Muchos ofrendarán semanalmente, otros quincenalmente, y otros mensualmente. Lo mejor es ofrendar conforme al sistema de pagos, y hacerlo lo antes posible después de recibir el salario. Determinen la asignación de las ofrendas. Comiencen considerando las necesidades de la iglesia, su fondo general, las misiones y otros proyectos especiales. Si están en plan de construcción o remodelación del templo, podrán ofrendar más. Pero deben pensar en otros ministerios también, en el ámbito local, nacional y mundial. ¿Por qué no apartar un porcentaje de sus ofrendas para misiones alrededor del mundo? Podrían ofrendar una parte a casos de emergencia o extrema necesidad entre la familia de la fe.

Involucren a toda la familia en el plan de ofrendas. Si hay niños que estudian y pueden entender, explíquenles el plan familiar de ofrendas. Ellos así aprenden de sus padres, y de sus propios fondos pueden comenzar a ofrendar también. Al crecer, tal vez ofrecerán sugerencias para modificar el plan. Para proyectos especiales pueden utilizar una alcancía familiar en la cual depositan a diario algún dinero. Al llenarse la alcancía puede haber una ceremonia sencilla pero significativa de entrega al Señor.

A medida que Dios les prospere, *aumenten el porcentaje de sus ofrendas.* Recuerden las palabras del evangelista Metodista, Juan Wesley: "Adquiera todo lo que pueda. Ahorre todo lo que pueda. Regale todo lo que pueda".

Finalmente, *no haga alarde de su plan de ofrendas.* Hay que sospechar del hermano que anuncia su gran plan de ofrendas y de la manera en que Dios lo ha bendecido. Si ha de hablarle de este tema a otros, hágalo en privado y en confianza. Esto es algo entre ustedes como familia y su Señor. Recuerden la amonestación de Cristo: "Mas cuando tú des limosna, no sepa tu izquierda lo que hace tu derecha, para que sea tu limosna en secreto; y tu Padre que ve en lo secreto te recompensará en público".

Preguntas sobre el capítulo 8

1. ¿Por qué será que el manejo, o mejor dicho, el mal manejo del dinero provoca tantos problemas en el hogar?
2. ¿Cuáles son algunos de estos problemas?
3. ¿Qué significa "pensar bíblicamente" en lo referente al dinero?
4. ¿Por qué es difícil aplicar este pensamiento bíblico a la vida práctica?
5. ¿Cómo es que nunca tendremos "suficiente" dinero para quedar satisfechos?
6. ¿Cuáles son sus prioridades financieras para su hogar? Escríbalas en orden de importancia.
7. ¿En cuáles maneras nos afanamos por nuestra situación económica? ¿Cómo podemos desarrollar el espíritu de contentamiento?
8. Enumere sugerencias que se tomarán para enseñar responsabilidad financiera a sus hijos en el hogar.
9. ¿Por qué es tan necesario estar de acuerdo como esposos en lo referente a las finanzas?
10. ¿Ha elaborado usted un presupuesto financiero funcional y actualizado para su hogar? ¿Viven ustedes a la luz de un presupuesto? Si no tiene un presupuesto, ¿por qué no dedica unas horas para discutirlo y elaborarlo para el hogar?
11. ¿Qué porcentaje de todas sus entradas globales está ofrendando al Señor? ¿Ha aumentado el porcentaje en los últimos años? ¿Podría aumentarlo ahora?
12. ¿Está ofrendando a las misiones?
13. ¿Cuál es su plan de ofrendas familiares al Señor?

CAPÍTULO 9

Tú y la planificación familiar

Tarde o temprano, el cristiano confronta la interrogante en cuanto a la planificación familiar. Entre los evangélicos las actitudes referentes al tema han girado de un extremo al otro. Muchos están categóricamente en contra porque creen que la planificación familiar viola principios bíblicos, mientras que otros creen que el cristiano sí puede planificar su familia. El problema es que pocos de estos dos grupos han buscado bases bíblicas para sus conclusiones. Debemos establecer convicciones prácticas y también bíblicas. Como cristianos responsables, no podemos escondernos de la realidad de la explosión demográfica, particularmente en los países de mayor pobreza. Tenemos que formular una posición, no solo para nosotros como familias cristianas, sino que también pueda responder a las masas.

Ahora bien, ¿qué significa la planificación familiar? En pocas palabras, es decidir libre y voluntariamente como pareja cristiana cuántos hijos vamos a tener, y cada cuánto tiempo vamos a tenerlos. El cristiano combina sus conocimientos bíblicos, su razón y la ciencia médica para llegar a su conclusión. La planificación abarca la anticoncepción (evitar la fecundación del óvulo maduro por un espermatozoide), pero las convicciones del cristiano van más allá de solo los "métodos", porque estamos preocupados por la calidad de la paternidad responsable que ofreceremos a los hijos que Dios nos dará.

Para comprender una posición cristiana sobre la planificación familiar tenemos que entender la enseñanza bíblica acerca de los propósitos del matrimonio, así como el propósito la unión sexual entre esposo y esposa. Esta enseñanza forma una base para entender los principios bíblicos que nos ayudarán a hacer una decisión de planificación familiar. Algunos "métodos" tienen que ser descartados categóricamente por el cristiano, como el aborto provocado. En muchos países, sean avanzados o no, el aborto es un método de control de la natalidad. Tal es el caso en la China, la India, Rusia y muchos otros países. El cristiano no debe recurrir al aborto porque la Biblia valora a la vida en formación. Una simple lectura de pasajes como Génesis 1:27; Éxodo 21:22-23; Salmo 139:13-16; Isaías 44:2; 66:9; Jeremías 1:5; Lucas 1:41, 44; y Gálatas 1:15 son suficientes para concluir que la vida prenatal es sagrada. Provocar un aborto equivale a un infanticidio. Como lo dice una coplilla de Juan Español:

> *Al niño ya concebido*
> *hay que dejarle NACER:*
> *si el derecho a eso le quitan,*
> *todo lo demás, ¿pa qué?*

Otro método que tiene que ser criticado por el cristiano es el DIU (dispositivo intrauterino o esterilet) por factores ético bíblicos. En realidad, la ciencia médica no está del todo segura de cómo actúa el DIU ya colocado. Si su función es la de impedir la implantación del óvulo ya fecundado, hay implicaciones éticas, particularmente si concluimos que la vida humana comienza en el momento de la fecundación. Pero si el DIU tiene su efecto primordial en agilizar el movimiento del óvulo por las trompas de Falopio de tal manera que no pueda ser fecundado dónde y cuándo debiera serlo, el problema ético pueda no ser tan serio. Generalmente, este método no se recomienda para el cristiano.

También tenemos que rechazar la esterilización indiscriminada y forzada, caso que se ha visto recientemente en países orientales, donde equipos médicos del Gobierno obligan a los hombres a esterilizarse si la madre ya había tenido dos hijos. Protestamos por esta violación de los derechos humanos, pero como cristianos sensibles sí podemos concebir la posibilidad de que una pareja, habiendo tenido el número de hijos deseados, y después de la seria evaluación de todos los factores, recurra a una esterilización voluntaria, sea del hombre o de la mujer.

Dejando estos problemas en claro y tal vez a un lado, no debemos rechazar la planificación familiar, condenándola como aborto o matanza de vida prenatal. No lo es si la entendemos como cristianos pensantes.

Las opciones para el cristiano

El cristiano tiene tres posibilidades de opinión y acción en cuanto a la planificación familiar. La mayoría de personas han escogido una u otra opción.

Sean católicos o evangélicos, muchos afirman que no se debe planificar de ninguna manera la familia. "Dios planificó mi familia", es una frase que se escucha. Ellos concluyen que si una persona trata de planificar su familia está jugando el papel de Dios creador, y viola el propósito de Dios al darnos hijos. Para algunas de estas personas planificar casi equivale a infanticidio. "Dios proveerá si tenemos dos o diez hijos", dijo un señor hace un tiempo, y para él su "método" era el de la fe, confiando en Dios.

Otros afirman que el único método que se puede utilizar es el del ritmo, o del método Ogino-Knaus. Ambos métodos se basan en un control de los días de mayor fecundidad de la mujer y requieren una abstinencia temporal de relaciones sexuales. La acusación de este grupo es que todos los otros métodos son "artificiales", y violan la "ley natural" que Dios supuestamente ha establecido para la vida humana. Esta posición está apoyada por la Iglesia Católica Romana, pero también muchos evangélicos la sostienen y tratan de seguirla.

La tercera opinión afirma que el cristiano puede utilizar cualquier método que no sea dañino para la salud y el bienestar de los cónyuges, y que no conlleve problemas éticos. Esta posición dice que, al fin y al cabo, todos los métodos son "artificiales" en cierto sentido, pues también toda persona que recurre a la ciencia va en contra de una u otra ley natural. Los anteojos corrigen una "ley natural", así como la aspirina, o la cirugía. Si el hombre puede intervenir en los procesos naturales para prolongar su vida, también lo puede hacer en los procesos naturales para iniciar una mejor vida humana. Aquí se apela no solo a la ley de procreación sino a la de la paternidad responsable y a una vida conyugal responsable.

Una panorámica global

A veces, como evangélicos, hemos tendido a vivir como si no existiese el resto del mundo, tal y como lo creó Dios. Hemos reducido al hombre sin Cristo a solo un alma desencarnada que puede salvarse, y hemos negado la validez de toda creación humana y de toda vida fuera de la iglesia y la "vida espiritual". Pero la Palabra de Dios no nos ofrece esta opción negativa de la vida humana sobre nuestro planeta. Dios es el creador del mundo; Él comisionó al hombre para administrar la tierra, y esa comisión la lleva a cabo todo hombre, sea cristiano o no. Y es dentro de este marco que el cristiano tiene que enfrentar la sociedad en vías de desintegración, así como la explosión demográfica que nos azota, particularmente en los países menos capaces de sostener un auge de población tan grande. No podemos dividir la vida cómodamente entre lo secular y lo espiritual porque, para el cristiano, todo lo que toca es sagrado. Como ciudadanos del mundo, esperamos realizar una participación auténtica en el mundo. A la vez, buscamos y ansiamos llegar a la ciudad de Dios donde el Señor mismo se encarga de la solución final de los problemas humanos.

La explosión demográfica

El crecimiento de la población mundial es innegable, y casi espantoso si se examina con esmero. Observe la primera gráfica para darse cuenta del desarrollo numérico del mundo. Note que, según los cálculos de los demógrafos, cuando Cristo dio su final y gran comisión, todo el mundo tenía solamente unos 300.000.000 de habitantes. Pero a mediados del año 1981, el total de la población de solo cinco países (Venezuela, México, Brasil, Colombia y Argentina) tenían el mismo número de personas.

Durante nuestra era cristiana es sorprendente notar que la población tardó 1650 años para aumentar de 300.000.000 a 500.000.000. Pero del año 1650 al 1972 llegamos a 4.192.000.000 de habitantes, y en el año 2001 la cifra subió a 7.137.000.000. Esto significa que para el año 2025, si Cristo tarda en su venida, el mundo subirá a 8.818.000.000 de habitantes. ¿De dónde vendrá el alimento, la vivienda, la educación y el trabajo para toda esta gente? Y el cuadro se acentúa más cuando nos damos cuenta de que el crecimiento más grande en población viene de los países en vías de desarrollo y de las regiones más pobres del mundo.

El cuadro para América Latina refleja esta nota casi alarmante. Al entrar en el siglo XX, la población era solo de unos 63.000.000 de habitantes. Pero a mediados del año 1981 se calculaba una población de 366.000.000; el año 2001, una población de 526.000.000, y para el 2025, de 680.000.000. La población de estos países posiblemente se duplicaría dentro de 41 años. Además, el 32% de la población es de menos de quince años de edad, mientras que la población mayor de 64 años es solo el 5% del total.

El caso de España, por ser un país europeo, es radicalmente diferente. Mientras que el mundo en total crece al ritmo de 1.3%, América Latina aumenta al 1,7% anual, España no está creciendo. Su población, a mediados de 2001, es de unas 39.800.000 personas, y al ritmo actual de nacimientos, nunca se duplicará. El 15% de su población tiene menos de quince años de edad, y un 17% es mayor de los 64 años. Comparando América Latina con España, esta nación europea no confronta el problema de la explosión demográfica. Sin embargo, cada familia española, cristiana y no cristiana, tiene que responder a la crisis mundial.

La población hispana de los Estados Unidos refleja cambios substanciales en los últimos años. Debido a la inmigración desde América Latina, los hispanos ahora suman 35.000.000. Y siguen creciendo por dos razones: su alto índice de nacimientos y la continua inmigración, especialmente desde México. Se calcula que el 25.000.000 de estos hispanos son católicos y 10.000.000 son evangélicos. La mitad de ellos tienen menos de 26 años, y más de un tercio tienen menos de 18 años.

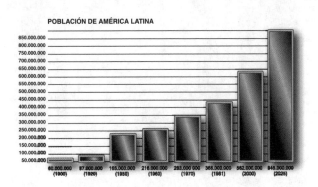

POBLACIÓN DE AMÉRICA LATINA

Tal vez estos factores no son del todo el resultado de la falta de planificación familiar en nuestro mundo. También son efectos de los sistemas político-económico-sociales, así como de costumbres y creencias religiosas. Sin embargo, sí tienen relación con nuestro tema. Por ejemplo, el analfabetismo tiene estrecha relación con la explosión demográfica. No siempre es el caso, pero en muchos países como los mencionados tienen mucho analfabetismo combinado con un alto crecimiento de población.

También enfrentamos el problema de la desnutrición, factor acompañado de pobreza. Un estudio del Banco Mundial produjo estas conclusiones inquietantes.

El cerebro humano alcanza el 90% de su normal desarrollo estructural en los primeros cuatro años de vida. Sabemos ahora que durante este crítico período de crecimiento, el cerebro es altamente vulnerable a las deficiencias de nutrición: deficiencias que pueden causar un deterioro de hasta el 25% de la capacidad mental normal. Aun un deterioro del 10% es suficiente para ocasionar serias dificultades de inferioridad en la vida productiva. Este es un daño irreversible para el cerebro.

Cuando una madre tiene una serie de hijos que nacen uno tras otro, y si es de familia pobre, es imposible proveer la alimentación y el cuidado personal necesario para que los hijos desarrollen su potencial físico y mental. La tragedia se complica cuando el caso viene acompañado por un padre irresponsable, tal vez presente en el hogar, o peor, que haya ya abandonado el hogar.

La cantidad de hijos abandonados en muchos países ha cobrado ya calidad de crisis nacional. Todos somos testigos de la cantidad de niños que crecen sin padre ni madre. Los encontramos en el centro de las ciudades, alrededor de los grandes mercados, en todos los barrios de miseria y en las zonas de prostitución. Siempre nos parte el corazón al ver a esos chicos desesperanzados.

Los hijos que crecen en familias grandes de pobreza escasamente podrán beneficiarse de los beneficios de una ropa adecuada, de una buena salud, de una educación apropiada para su capacidad y necesidad, y de una atención espiritual y moral. Tienen pocas diversiones más allá de lo inventado en la calle, y muchos caerán en círculos viciosos de desintegración moral. La perspectiva de trabajo o vocación está nublada, y muchos se encuentran encadenados a un futuro deprimente. Muchos de estos niños carecen de un amor y una disciplina adecuados.

En fin, las familias de hoy día se encuentran bajo tensiones extraordinarias en cuanto a lo socioeconómico y espiritual debido a la falta de educación y concientización con respecto a la planificación familiar. De nuevo, reconocemos que es una simplificación decir que si se adopta una adecuada planificación familiar los problemas desaparecerán. No es tan sencillo, pero sí hay relación entre la falta de planificación familiar y dimensiones de la población social.

La resistencia a la planificación familiar

Dentro de los países donde la Iglesia Católica Romana ha tenido mucha influencia, es indiscutible el impacto de su fijada posición tocante a la planificación familiar. La encíclica papal *Humanae Vitae* formula oficialmente esta posición, que ha sido recibida con controversia aun por altos jerarcas eclesiásticos. Lo que la mayoría ignoramos es el trasfondo de la encíclica. Cuando el Papa Juan XXIII designó a la Comisión sobre la natalidad para estudiar el tema y presentar recomendaciones a la Santa Sede, el informe de la mayoría regresó abogando por un cambio de la posición tradicional de la Iglesia de Roma. La minoría apoyaba la tradición. La decisión final se alineó con la postura conservadora porque la Iglesia Católica no pudo aceptar tales cambios, temiendo que el Magisterio de la Iglesia perdería su autoridad al optar por el cambio.

Pero, ¿cuál es la historia de la posición tradicional? Se remonta a los tiempos antiguos de la gran influencia de la filosofía griega en la Iglesia. A principios de la Edad Media, la Iglesia había adoptado la división categórica entre lo espiritual y lo material. Lo espiritual era deseable, bueno y aceptable ante Dios, mientras que lo material era indeseable, malo y desaprobado por Dios. ¿Y qué más material y humano que el sexo? De ahí, en gran parte, se desprende el celibato como sacramento de la Iglesia. Siguiendo esta línea, era natural que Roma, influenciada en este caso más por filosofía que por Biblia, adoptara una opinión negativa hacia la relación sexual conyugal. San Agustín afirmaba que "el acto sexual, aunque sea con la propia esposa, es contrario a la ley y pecaminoso, si trata de evitar la concepción".[1] En otra ocasión, San Agustín dijo que el sexo es un acto "bestial" y vergonzoso. Gregorio el Grande afirmaba que todo acto sexual "iba acompañado, aun en el matrimonio, por el pecado". Santo Tomás lo relegaba al orden animal.

Con todo este bagaje negativo no nos debe sorprender la opinión final de la Iglesia de Roma. Sin embargo, hay que darle crédito en su deseo de apoyar una alta normal moral dentro de la relación humana y de la vida matrimonial. La encíclica *Humanae Vitae* tiene muchos puntos positivos que todo cristiano puede apoyar. La diferencia está en algunas de sus afirmaciones que carecen de base bíblica. La conclusión de la Iglesia Católica Romana es que si una familia tiene que recurrir a un método anticonceptivo, el único aprobado es el del ritmo.

Otra fuente curiosa de resistencia a la planificación familiar, particularmente en los países del llamado mundo en desarrollo, viene del nacionalismo, sea de derechas o izquierdas. "¡Nuestro país necesita más ciudadanos!"; "¡Que no se metan los imperialistas yanquis!"; "¡Nos quieren destruir porque nos tienen miedo!". Estas y muchas otras frases han servido como "eslogan" de oposición. Sorprende escuchar tales frases cuando vienen de la extrema izquierda política, porque los países previamente marxistas de Europa tienen una cifra de crecimiento anual del -0.5%, y Rusia tiene solo el -0.7% anual. Es decir, son países cuya población mengua en vez de crecer.

La tradición cultural de despreocupación afecta cualquier avance en la planificación familiar. "Es que nuestros padres nunca lo hicieron", se escucha de vez en cuando. Esto va acompañado de la simple ignorancia de la posibilidad de planificación familiar y de la falta de información referente a los métodos al alcance del pueblo.

La mortalidad infantil tradicional en muchos sectores de nuestros países ha sido muy alta en años atrás. Para que una familia tuviera cinco hijos vivos, la madre tenía que dar a luz diez. Obviamente, limitar la concepción hubiera sido contraproducente. Pero ahora que ha penetrado en muchos de estos lugares el avance médico y mejor alimentación, más y más niños nacen vivos, y más se quedan vivos. El mito de la ayuda económica acompaña el problema de la mortalidad infantil. "Cada niño nace con su pan bajo el brazo" es el dicho popular. Pero como un amigo afirma: "Si es que el refrán tiene razón, hoy el pan es más pequeño y mucho más caro".

Los matrimonios muy jóvenes han estimulado la existencia de la familia numerosa. Los jóvenes se casaban sin una adecuada preparación, y al cabo de muy pocos años ya tenían varios hijos, particularmente en los sectores más pobres.

Finalmente, el machismo ha afectado la planificación familiar. El concepto de que el hombre prueba su hombría y virilidad por el número de hijos que ha engendrado todavía prevalece en muchos círculos. Hace unos años, yo, Guillermo, viajaba con mi familia en avión. Sentado al lado de un señor mayor de edad, comenzamos a conversar, y tal vez se daba la oportunidad de testificarle del evangelio de Cristo. En el diálogo tocante a la familia, y él preguntó cuántos hijos tenía. Le contesté: "Tres", y le hice la misma pregunta. Con una risa y su voz fuerte me contestó con tono de orgullo: "Pues en casa tengo cuatro, pero en la calle, ¡sólo Dios sabe cuántos tengo!" Me disgustó tanto este machismo que me levanté del lugar para buscar otro asiento. Muchos hombres creen que la planificación ataca su virilidad, y otros temen que si permiten que su esposa use cierto método, ellas también serán infieles al marido. El esposo se cree libre para tener amante, pero para la esposa: "¡Dios guarde!"

Una perspectiva bíblica

La panorámica global fue escrita teniendo en cuenta la convicción de que el cristiano vive en el mundo, sin "ser del mundo". No es justo decir que la planificación familiar es solo un tema económico y secular, o mucho menos del diablo. La Biblia nos llama a una vida integrada, donde todo es sagrado. Algunos dirán que el cristiano no tiene que preocuparse por los problemas del mundo y que es "mejor no hacer nada para que así Cristo regrese más rápidamente a rescatarnos del mundo vil". Otros dicen que viven por fe, y que no tienen que planificar su familia. La mayoría de ellos tienen familias numerosas. ¿Pero qué de la gran masa del pueblo que no tiene una fe en el Dios viviente y en su Hijo Jesucristo? ¿Les vamos a prohibir el uso de métodos populares de planificación familiar? Esperamos que no. ¿Qué de los cristianos que no tienen esta "suficiente fe" para que Dios "planifique su familia"? Dios nos ha dado una capacidad para razonar, y si el Espíritu Santo guía al cristiano a pensar en la planificación familiar, confiemos en el Señor para sus vidas.

Pero pensemos más bíblicamente. La *Humanae Vitae* tiene sus valores positivos al elevar el concepto del matrimonio y el hogar, al enfrentar el problema del pecado y la promiscuidad. Tal vez carece de pasajes bíblicos para su apoyo; en realidad, solo tiene cinco citas de la Biblia, y ninguna de ellas tiene mucho que ver con el meollo del problema.

Las comisiones bíblicas

Ya hemos estudiado en el principio de este libro las comisiones que Dios dio a nuestros primeros padres. Son dos. La primera, en Génesis 1:28, es la de "fructificad, multiplicaos, llenad la tierra". Esta es la comisión de la procreación. En otras palabras, es normal y deseable que del matrimonio nazcan hijos. Los hijos son un fruto lógico del hogar. Pero a la vez, no todas las parejas pueden tener hijos. Sin embargo, esta limitación no los condena ni los coloca bajo el juicio de un castigo divino. Simplemente, no todas las mujeres pueden concebir, a veces por razones de la esposa, y otras veces por razón del esposo.

La segunda comisión es la de "sojuzgad, señoread", y nos habla de nuestra administración del planeta. Así como Dios es el soberano del universo, Él mismo ha delegado atribuciones al hombre para ejercer dominio sobre la tierra. El cristiano tiene responsabilidad por la creación, incluyendo la buena mayordomía de la familia. Es el equilibrio entre estas comisiones el que nos permite ver la planificación dentro del marco bíblico.

Los propósitos para el matrimonio

Al hablar de los propósitos para el matrimonio, integramos la dimensión sexual al matrimonio. Se hace para colocarlo dentro del marco respectivo. Un estudio esmerado del matrimonio en la Biblia tiene que concluir que el principal propósito es la *dimensión de unidad.* Dios nos llama al matrimonio para unir dos vidas. Esta es también la esencia de la ceremonia civil y religiosa de la boda. Leyendo Génesis 2:18, con su referencia a la ayuda idónea, la reacción de Adán subraya esta unión en el versículo 23: "Esto es ahora hueso de mis huesos y carne de mi carne; ésta será llamada Varona, porque del varón fue tomada". ¡Qué palabras más elocuentes para expresar la emoción más profunda de Adán! El comentario del verso 24 también apunta a la dimensión de unidad del matrimonio, en el que el hombre dejará y se unirá y serán una sola carne.

Al llegar al Nuevo Testamento, Cristo enfatiza esta misma dimensión en su enseñanza sobre la familia. En Mateo 19 cita Génesis 2:24, y añade: "Así que no son ya más dos, sino una sola carne; por tanto, lo que Dios juntó, no lo separe el hombre". Cristo entiende la mente de su Padre al subrayar este factor de unión entre dos personas. Pablo hace lo mismo en Efesios 5:22-23 al desarrollar la vida conyugal y la relación entre dos esposos que se aman profundamente.

Otro propósito para los casados se encuentra en la *procreación,* aunque bien se ha observado que los hijos son más el fruto del matrimonio. Es de esperarse que la pareja casada traerá al mundo hijos, o si no los puede tener, tal vez adoptará a hijos que otros no desean o no pueden criar. Tal vez el Salmo más citado es el 127, que en su totalidad está dedicado al tema del hogar. Notemos los versículos 3-5:

> He aquí, herencia de Jehová son los hijos; cosa de estima el fruto del vientre. Como saetas en mano del valiente, así son los hijos habidos en la juventud. Bienaventurado el hombre que llenó su aljaba de ellos; no será avergonzado cuando hablare con los enemigos en la puerta.

Claro, los hijos son herencia del Señor, pero la Biblia nunca dice cuántos hijos debe uno tener. En otras palabras, el tamaño de la aljaba varía de familia en familia. Algunos tienen una más pequeña, y otros una más grande. Observe que también menciona los hijos habidos en la juventud, anotando que el tiempo para traer hijos al mundo es cuando los padres tienen las energías y la fuerza para ser más responsables.

Un tercer propósito para el matrimonio es preventivo. Pablo, al escribir en 1 Corintios 7:1-2, 9, observa que las tentaciones sexuales son muy fuertes:

> En cuanto a las cosas de que me escribisteis, bueno le sería al hombre no tocar mujer; pero a causa de las fornicaciones, cada uno tenga su propia mujer, y cada una tenga su propio marido ... pero si no tienen don de continencia, cásense, pues mejor es casarse que estarse quemando.

Pablo como buen consejero pastoral, reconoce que el soltero está sujeto a presiones y tentaciones, particularmente dentro del área sexual. Por eso dice que para evitar el pecado sexual es mejor que uno se case. Pero la Biblia aclara que este no puede ser el único motivo por casarse.

Finalmente, encontramos que otro de los propósitos para el matrimonio es el *placentero*, particularmente aplicándolo al área sexual y la amistad fundamental que debe caracterizar una buena familia. Algunos tal vez dirán que es parte de la dimensión de unidad, pero se separa para mayor énfasis. El Cantar de los Cantares es un himno de alabanza al amor físico sensual de dos personas que se quieren. El mismo autor en Eclesiastés 9:9 dice que nos debemos gozar con la mujer que amamos:

> Goza de la vida con la mujer que amas, todos los días de la vida de tu vanidad que te son dados debajo del sol, todos los días de tu vanidad; porque ésta es tu parte en la vida, y en tu trabajo con que te afanas debajo del sol.

Proverbios 5:15-19 también apunta a esta dimensión:

> Bebe el agua de tu misma cisterna, y los raudales de tu propio pozo. ¿Se derramarán tus fuentes por las calles, y tus corrientes de aguas por las plazas? Sean para ti solo, y no

para los extraños contigo. Sea bendito tu manantial, y alégrate con la mujer de tu juventud, como cierva amada y graciosa gacela. Sus caricias te satisfagan en todo tiempo. Y en su amor recréate siempre.

Así que el único propósito del matrimonio no es el de tener hijos, y limitar el sexo solo a este fin no tiene base bíblica. La Biblia nunca afirma que todo acto sexual tiene que estar abierto a la concepción.

La Biblia y el matrimonio responsable

Obviamente, la Biblia no premia al padre que engendra el número más grande de hijos, aunque han argumentado algunos que Dios bendice de manera especial a la familia muy numerosa. Este concepto está basado en la idea en el Antiguo Testamento que también dice que el hombre rico es uno que Dios ha bendecido. Estos dos conceptos no encuentran base en la economía del Nuevo Testamento. Globalmente, la Biblia más bien enfatiza que los padres deben ser responsables para ofrecer aquellos elementos que describen paternidad responsable: amor y cariño, enseñanza y educación, salud y alimentación adecuada, recreo y diversión, ropa, alojamiento y disciplina en amor.

La Biblia también instruye al esposo a ser responsable con la vida y la salud de su esposa. El esposo tiene que recordar cuan sagrado es el cuerpo de su esposa. Si hay peligro para la salud física en un subsiguiente embarazo, es responsabilidad del esposo al dialogar con su esposa buscar el mejor bien para ella. Claro que aquí también se buscará la orientación profesional médica para llegar a una decisión final. En algunos casos significaría que no deben tener más hijos, o por lo menos darle un tiempo de descanso adecuado para que la esposa recupere su salud. En tales casos deben recurrir a un método anticonceptivo eficaz. Creo que bien cabe aquí el pasaje de 1 Corintios 6:19-20:

> ¿O ignoráis que vuestro cuerpo es templo del Espíritu Santo, el cual está en vosotros, el cual tenéis de Dios, y que no sois vuestros? Porque habéis sido comprados por precio; glorificad, pues, a Dios en vuestro cuerpo y en vuestro espíritu, los cuales son de Dios.

Una parte íntegra del matrimonio responsable es el entendimiento de que el único propósito del sexo no es la procreación. El factor unidad, como hemos enfatizado, es el que se subraya en la Biblia. Si la pareja no desea, o no debe, o no puede tener hijos por el momento, es recomendable un método seguro de planificación para traer tranquilidad al hogar. Pablo, en 1 Corintios 7:3-5, subraya la dinámica de relaciones sexuales continuas y sin barreras:

> El marido cumpla con la mujer el deber conyugal, y asimismo la mujer con el marido. La mujer no tiene potestad sobre su propio cuerpo, sino el marido; ni tampoco tiene el marido potestad sobre su propio cuerpo, sino la mujer. No os neguéis el uno al otro, a no ser por algún tiempo de mutuo consentimiento, para ocuparos sosegadamente en la oración; y volved a juntaros en uno, para que no os tiente Satanás a causa de vuestra incontinencia.

¿Y qué de los métodos?

El propósito de este capítulo no es el de discutir métodos específicos, ni el de recomendarles uno por encima del otro. Como cristianos pensantes, hemos concluido que las Escrituras dan libertad para que una pareja planifique su familia de acuerdo a sus capacidades y deseos. Esta información concreta la pueden conseguir en otros libros, y siempre bajo control profesional. Si una pareja concluye que Dios les da libertad de selección de método, entonces deben buscar el método más seguro, siempre dentro de la ética cristiana. Si la pareja piensa que solo deben utilizar el ritmo, o algo similar, entonces deben disciplinarse para poder lograr sus objetivos.

Finalmente

Como conclusión a este capítulo, he aquí unas sugerencias. Toda pareja cristiana puede decir *"Dios nos ayudó a planificar nuestra familia"*. Este es el caso, aunque lleguen a conclusiones diferentes a las de otros. Lo único que se pide es que tomemos en consideración las necesidades de otras personas, y que tratemos con amor cristiano a aquellas parejas que optan por otras alternativas.

Segundo, recordemos que *la Biblia no da instrucciones concretas con respecto a la planificación familiar.* No era punto de controversia en aquellos tiempos. Tenemos que vivir a la luz de los principios bíblicos, iluminados por la razón y el sentido común santificado. Lo que sí sabemos es que durante los tiempos bíblicos sí se utilizaban métodos anticonceptivos. El caso de Onán y su pecado en Génesis 38:1-10 anota el uso del método del coito interrumpido para evitar la concepción. Debido a este pasaje, muchos cristianos han concluido que los métodos "artificiales" son pecado ante los ojos de Dios. Pero aclaremos que el pecado de Onán no fue el de usar un método, sino el de desobedecer al mandamiento de proveer descendencia para su hermano fallecido. En aquellos días los hijos nacidos de esa relación, aunque extraña para nosotros, podían beneficiarse de los derechos de primogenitura. El pecado no fue el de utilizar el coito interrumpido, sino el de rebeldía en cumplir con sus responsabilidades por razones de egoísmo y codicia.

En tercer lugar, *el cristiano tiene que vivir por fe, aunque use o no use un método anticonceptivo.* Sabemos que Dios ha diseñado la procreación de hijos como parte íntegra de la familia. Pero ésta no es la única instrucción para la familia. Y además, muchas parejas no pueden concebir, pero esto no significa que Dios los está castigando. Para la pareja cristiana rigen los principios de paternidad responsable así como los de un esposo responsable. Es demasiado fácil y simplista afirmar que el cristiano tiene que aceptar todos los hijos que Dios le pueda dar durante toda su vida matrimonial, cuando la realidad es más compleja. La verdad es que Dios nos da la capacidad como cristianos de razonar, de evaluar las situaciones, y nos tiene como mayordomos de la tierra. Pensemos en los millones de hogares que no viven por "fe" en nuestro Señor. ¿Por qué no les permitiremos que utilicen métodos de planificación familiar para traerles mayor estabilidad familiar?

Para aquellos que concluyen que el único método que pueden utilizar es el ritmo, he aquí un cuarto pensamiento. Algunos han afirmado que el ritmo es el único que no va en contra de la ley natural. Pero la verdad es que sí reta la ley natural. *Lo "natural" es que al tener deseos de celebrar la relación íntima, la pareja quiera tenerla.* Pero ¿qué si está en los días de la menstruación, cuando no conviene tener relaciones? O, ¿qué si ella está enferma, o demasiado cansada? Y ¿qué si la esposa desea tener relaciones íntimas pero el esposo está demasiado cansado y ni puede cumplir con su deber? En estos casos, la "ley natural" se hace a un lado, y se aplica la autodisciplina, la paciencia y la continencia temporal. Si se quiere usar la palabra "artificial", todos los métodos son artificiales, pero esto no significa que no se pueden aplicar.

Finalmente, podemos afirmar con serenidad que *un cristiano sí puede usar diversos métodos, con la orientación profesional, y la conciencia limpia delante de Dios.* La Biblia deja esto al criterio del matrimonio cristiano. Si usted no cree en "los métodos", bien. Dé gracias por la manera en que Dios le ha guiado. Si usted sí cree que Dios le puede permitir un método, bien. Dé gracias a Dios. Dios nos ha llamado a la libertad, así que vivamos de esta manera. Pero ninguna pareja debe utilizar métodos que llevan a la destrucción del óvulo ya fecundado.

Ahora una nota de realidad familiar. Muchas parejas enfrentan la realidad de su propia infertilidad. Es decir, no pueden concebir hijos, y es un dilema que los afecta en diferentes formas. Algunos esposos lo ven como sinónimo de falta de virilidad, lo cual es completamente erróneo. Otros lo ven culpando solamente a la esposa, cuando debe ser tratado como un problema de pareja, porque podría ser que el esposo es el infértil. Esta realidad también agrega presiones sociales, inclusive a veces dentro de la misma iglesia. Afirmamos claramente que aun cuando la familia no tenga niños sigue siendo una familia y puede ser una familia auténticamente cristiana. Muchas parejas infértiles han podido adoptar un niño, o más, que les han traído enorme felicidad como familia. Hemos encontrado solamente un libro en Español que toca con sabiduría desde un punto de vista cristiano el problema. Se llama "Cuando los niños no llegan", por Vikky Love. Si bien es una traducción del inglés, tiene valor para muchas familias.

Preguntas sobre el capítulo 9

1. ¿Cuáles son las opiniones que los evangélicos y los no evangélicos tienen acerca de la planificación familiar?
2. ¿En qué manera puede un cristiano tener una posición sobre este tema (a favor o en contra) sin haber buscado una base bíblica?

3. ¿Por qué es que algunos igualan la planificación familiar con el asesinato?

4. ¿Cuál es su posición sobre este tema? Explique sus razones.

5. ¿Por qué será que el cristiano tiene que tomar en serio la explosión demográfica y el cuadro global social?

6. ¿Cuáles son algunos de los problemas que usted ha visto por la falta de planificación familiar?

7. ¿Qué relación existe entre las dos comisiones de Génesis y la planificación familiar?

8. ¿Por qué es que el concepto bíblico de la familia y la relación sexual íntima permite la planificación familiar?

9. ¿Cuál es el significado del "matrimonio responsable"?

10. ¿Cómo aconsejaría usted a una pareja que desea planificar su familia?

CAPÍTULO 10

Amar y formar a nuestros hijos

Es toda una serie de acontecimientos muy especiales. Nos casamos seriamente comprometidos y profundamente enamorados; comenzamos a armar nuestra vida matrimonial con todos los sueños y aspiraciones; pensamos en hijos -cuántos, cuándo, qué sexo, qué nombres- y llega el día en que la esposa regresa de la clínica médica con las sospechas confirmadas: "¡Sí, el doctor dice que para el 2 de junio seremos padres!" ¡Qué alegría! Ya la vida cambia, y los dos comenzamos a pensar en la nueva criatura. Ya no son dos, sino tres, o ¡aún más!

La madre en particular experimenta cambios en su cuerpo, emociones, pensamiento y estilo de vida. Es más conservadora, más orientada al "nido hogareño", tiene nuevas preocupaciones, tiene apetitos extraños a veces, sueña con su futuro. Pasan los meses, y el estilo de vestido para ella. Durante las últimas semanas es difícil dormir cómodamente, y al fin llegan los dolores definitivos, el viaje a la clínica u hospital, los preparativos, la sala de partos (tal vez con el esposo presente para compartir esta experiencia única con ella) y el definitivo ¡AL FIN! con dolor y cansancio nace un nuevo ser humano. No importa su sexo, ¡nació! Orgullosamente sabemos, como padre y madre, que no hay otra criatura en el universo tan hermosa como la nuestra.

Pero ahora viene la responsabilidad enorme, casi abrumadora al reconocer que una cosa es traer un hijo o una hija al mundo y otra es darle el amor, el afecto, la enseñanza, la educación, la disciplina y el ejemplo cristiano que ofrecerá el modelo y moldeador. Ahora tenemos que trabajar más, orar más, estudiar más, y prepararnos más para ser padres responsables en una sociedad de paternidad tan irresponsable. Nuestros hijos no nos pidieron entrada al mundo. Nosotros, sobre la base de amor y principios morales hemos hecho decisiones tan importantes. Dios, el soberano creador, ha otorgado al hombre el poder de participar en el proceso creativo por medio de la procreación. Pero con la procreación viene la crianza fundamentada en amor y responsabilidad.

En un caso estábamos en la sala de espera de nuestro médico esperando turno para la consulta cuando entró una madre con su hija. La madre, de clase media alta, vestida a la última moda, tenía una de las niñas más malcriadas que hemos visto. Era necia, abusiva. Dieron ganas de tomarla y aplicarle una buena dosis de la vara proverbial. ¿Y qué hacía o decía la madre? Pues nada. Para ella todo era normal y divertido; pero nos pusimos a pensar en el futuro de esta niña descontrolada, de sus hermanos (si los tenía) y del papel juvenil y adulto que tendría algún día. Si a temprana edad no aprende a obedecer, honrar y escuchar la voz de los padres, lo más seguro es que más adelante este desenfreno se ampliará hasta afectar los cimientos de su sociedad.

Como padres cristianos, reconocemos que el tema de la formación de los hijos es de suprema importancia no solo para la familia, sino para la iglesia y para la sociedad. ¿Qué haremos en un mundo donde tantos de nuestros asesores educadores y psicológicos aconsejan darle plena libertad a los niños, aconsejando que "fundamentalmente todo niño es bueno en su corazón"? A Dios gracias, la Biblia dice mucho acerca del tema. En este capítulo comentaremos en primer lugar dos pasajes centrales, y después ofreceremos aplicaciones concretas.

Antes de continuar, aclaremos dos realidades. Primero, la Biblia afirma que los padres han sido encargados de la crianza de los hijos. Esta tarea no pertenece a la iglesia, ni a la escuela, ni la niñera, ni a la televisión (maldición de tantos hogares), ni muchos menos al Estado. Es tarea de los padres. Segundo, el libro de Proverbios esta compuesto por afirmaciones basadas en la realidad humana; son "proverbios" o dichos que han establecido su sabiduría. Pero un proverbio no es una promesa; más bien es una realidad generalizada que en muchos casos se acompaña de un proceso. Son dichos sabios que reflejan la sabiduría colectiva y probada de toda sociedad, como por ejemplo, nuestro dicho popular en castellano: "dime con quién andas y te diré quién eres".

Primer pasaje: Proverbios 22:6

Instruye al niño en su camino, y aun cuando fuere viejo no se apartará de él.

El libro de los Proverbios es un curso de formación moral y práctica de la sabiduría necesaria para poder vivir conforme a las normas del Dios verdadero. Los proverbios presentan colectivamente el cuadro amplio de la persona sabia, con aplicación directa a diversas facetas de la vida diaria. Derek Kidner, en su comentario, expone ocho temas principales del libro: Dios y el hombre, la sabiduría, el necio o el simple, el perezoso, el amigo, las palabras, la familia, la vida y la muerte.[1]

El versículo citado pertenece obviamente a la categoría de la familia, pero es solo uno de los innumerables pasajes que hay sobre el tema. Al autor de los Proverbios le preocupa mucho la relación padres-hijos, y responsabiliza a los padres en la formación de los hijos. A la vez, apela al corazón de los hijos, y en los primeros siete capítulos se menciona quince veces la expresión "hijo mío".

Una exposición del versículo

El texto tiene varios términos claves. El primero es "instruye", vocablo con una rica historia. En otros pasajes se refiere a la dedicación de algo, como una casa en Deuteronomio 20:5, el templo en 1 Reyes 8:63, y un niño en 1 Samuel 1:11. El sinónimo árabe en algunos contextos se aplicaba a la acción de una comadrona que metía su dedo en un frasco de aceite de oliva y con el dedo friccionaba el techo de la boca del recién nacido para estimularle a la acción de mamar; entonces la comadrona entregaba el niño a su madre para tomar leche. Así que habla de estimular la sed para una formación correcta en la vida del niño.

Pero aplicado a la tarea de los padres para con sus hijos, el término cobra un significado más concreto. El diccionario de la lengua castellana refleja "instruir" más en su definición de "educar": dirigir, encaminar, doctrinar. Es desarrollar o perfeccionar las facultades intelectuales y morales del niño o del joven por medio de preceptos, ejercicios, ejemplos. Apunta a la responsabilidad de indicar la correcta dirección, presentando experiencia y subrayando lo que tiene que hacer para enfrentar la vida.

Muchos otros pasajes hablan directamente de la educación formativa que los padres deben dar a sus hijos. Aquí hay algunos de los Proverbios.

13:14 El que detiene el castigo, a su hijo aborrece; mas el que
lo ama, desde temprano lo corrige.

El autor subraya que el verdadero amor paternal incluirá la disciplina
de los hijos. La idea de "temprano" obviamente no se refiere a la hora
del día, sino al hecho de que la formación disciplinaria de los hijos
comienza cuando son pequeños. Casi de balde es el trabajo de un padre
asustado por la rebeldía de su hija o hijo adolescente. Ellos están casi
fuera de su control y cambio. Nosotros, como padres, tenemos que
comenzar a formar a los hijos cuando ellos comienzan a entender el
significado de palabras como "no" y "sí". Amor significa disciplina.

19:18 Castiga a tu hijo en tanto que hay esperanza; mas no se
apresure tu alma para destruirlo.

Aquí tenemos un refuerzo y una ampliación para el versículo 13:14.
La idea de esperanza está ligada a un proceso de toda la vida, en que los
padres han ofrecido formación y disciplina a sus hijos desde la infancia.
El equilibrio se encuentra en la segunda frase. Es posible destruir el
espíritu del hijo por medio de una disciplina excesiva, sin comprensión
y sin amor, basada más en el castigo corporal. Una señorita contó que su
padre se enojaba tanto al castigarla que la hacía sangrar, y llegó al colmo
de quebrarle la pierna. Solo la gracia de Dios pudo hacer que ella le
perdonara. Pablo hace referencia a un problema similar al de este
proverbio en Colosenses 3:21: "Padres, no exasperéis a vuestros hijos,
para que no se desalienten", y en Efesios 6:4: "Y vosotros, padres, no
provoquéis a ira a vuestros hijos".

20:30 Los azotes que hieren son medicina para el malo, y el
castigo purifica el corazón.

Esto sí es difícil de entender para los padres. Muchos de ellos,
influenciados demasiado por la ignorancia o ciertas corrientes educativas,
han optado por no castigar nunca corporalmente a su hijo, prefiriendo
persuadir, regañar verbalmente o no hacer nada. Pero la Biblia, si bien
es cierto que advierte contra el extremismo de un padre enojado, sí afirma
que la disciplina corporal es medicina de sanidad. Hay veces en que los
niños casi piden disciplina; y al hacerlo, la transformación es asombrosa.
De una actitud enojada y negativa cambian a una actitud positiva y alegre.
El castigo ha purificado el corazón de la maldad temporal.

Cuentan la historia de un niño a quien su padre le había aplicado la vara. El padre le dijo: "Hijo, esto me duele a mí más que a ti". Pero el hijo respondió: "Sí, papá, pero no en el mismo lugar".

22:15   La necedad está ligada en el corazón del muchacho; mas la vara de la corrección la alejará de él.

Los padres ingenuos que piensan que su hijo o hija es una total dulzura, con la chispa divina en su corazón, necesitan enfrentarse a la realidad. Nuestros niños son pecadores. El padre, utilizando con sabiduría la vara, ayudan a eliminar esta necedad demostrada en el hijo.

23:13-14   No rehúses corregir al muchacho; porque si lo castigas con vara, no morirá. Lo castigarás con vara, y librarás su alma del Seol.

El padre que dice que no es capaz de corregir y disciplinar a su hijo mejor que no sea padre. Esta tarea es dura, pero categóricamente imperativa. Esta tarea pertenece a ambos padres; y el libro de Proverbios manda al padre claramente a que participe en este trabajo formativo con sus propios hijos. La corrección, el castigo, y aun la vara, son instrumentos positivos de formación.

29:15   La vara y la corrección dan sabiduría; mas el muchacho consentido avergonzará a su madre.

Observe la combinación de disciplina corporal y verbal en la "vara y la corrección". Este es el equilibrio bíblico familiar, hablar y disciplinar. Se necesitan ambas cosas para reforzarse mutuamente y para comunicar la seriedad del motivo por el cual se disciplina al hijo. Estos dos producen sabiduría en los hijos y cumplen con el fin del libro de Proverbios. Pero el contraste también se cita. Si los padres no aplican una sistemática y amorosa disciplina probablemente tendrán hijos consentidos que más tarde avergonzarán a su madre. Es con razón que se menciona a la madre. Para la madre en particular, los hijos son "su producto" porque ella ha invertido más tiempo, vida, energía e interés en los hijos. Pero si la madre no disciplina al hijo, el resultado será triste. Tenemos en mente varios ejemplos de madres que consintieron a sus "tesoritos" preciosos; pero en vez de tener hijos adultos maduros en su vida emocional, han producido desastres para la familia y la comunidad. Ninguna madre debe "adorar" tanto a sus hijos.

29:17 Corrige a tu hijo, y te dará descanso, y dará alegría a tu alma.

Este es un buen paralelo con Proverbios 22:6, porque ambos enfocan un proceso y un producto de promesa. Es el contraste del 29:15 porque aquí el resultado es positivo. El descanso y la alegría hablan de la tranquilidad de los padres que han invertido adecuadas horas, amor, disciplina y oración a favor de sus hijos. Estos, a su vez, viven de acuerdo a los valores bíblicos que les enseñaron y formaron.

Regresemos al versículo 22:6; además de "instruye", encontramos la frase "al niño en su camino". El vocablo "niño" habla no solo de infante y niño en nuestros términos de hoy. Mejor sería traducir "hijo" desde la infancia hasta entrar en los años de independencia del hogar. "En su camino" podría traducirse "conforme a su manera de ser, sus hábitos, su naturaleza". La idea es la de educar según su personalidad, teniendo en cuenta la individualidad de cada hijo. Esto no significa que a algunos hijos se les discipline corporalmente y a otros no. A todos los hijos hay que aplicarles el amor equilibrado, demostrado en disciplina corporal y verbal. En otras palabras, es necesario conocer la particular naturaleza de cada hijo. Todo hijo nace con ciertas habilidades y debilidades. Corresponde al padre estudiar la personalidad de cada hijo para poder encauzarlo, fortalecer sus debilidades y desarrollar sus puntos fuertes. Cada niño o niña es un mundo, con diferencias de personalidad, y con intereses variados y capacidades intelectuales distintas. Pero a todos les aplicamos la vara de corrección con amor y constancia, y a todos les aconsejamos y corregimos verbalmente.

Dentro de esta expresión, "su camino", está el reconocimiento de que la educación-formación de los hijos varía conforme a su edad y el desarrollo de su personalidad. A un niño muy pequeño se le puede enseñar a jugar dentro de los marcos de seguridad, y a no tocar cosas como estufas, cuchillos, medicinas, alambres de corriente eléctrica y cosas similares. Al inicio ellos no entienden al principio la razón de la palabra "¡No!" La explicación del porqué vendrá después, al crecer. Más adelante los hijos habrán aprendido a responder a la voz de sus padres, y menguará la necesidad de la vara, aunque la vara siempre queda accesible. Con el joven, el padre tiene una dimensión tremenda de información y diálogo para prepararlo a ser un adulto responsable e independiente. Nuestro reto como padres es el de forjar buenos valores en la vida de nuestros hijos para que ellos, a su madurez, hagan decisiones sabias.

El proverbio concluye con una promesa que se basa en un proceso. "Y aun cuando fuere viejo no se apartará de él". ¿Cuál es este "él"? Es la formación ofrecida por los padres durante todo el tiempo del proceso a través de los años. La idea de "viejo" habla de la edad madura, del joven adulto ya formándose aparte de su hogar. Aclarar que esto no es una promesa categórica, obligatoria ni automática. Es un principio que se basa en el proceso de educar según la naturaleza del hijo. Algunos intérpretes han exigido que si los padres hacen tales y cuales cosas durante los años en que los hijos están en el hogar, entonces Dios está obligado a producir el producto deseado. Pero no es así. Kidner aclara esta realidad.

> Muchos son los recuerdos, sin embargo, de que aun la mejor educación no puede inculcar sabiduría, sino que solamente puede estimular la selección para seguirla (2:1ss). Un hijo puede ser demasiado terco para aprender (13:1; cp. 17:21). Un buen hogar puede producir a un ocioso (10:5) o un prófugo (29:3); podría ser suficientemente rebelde para menospreciar (15:20), burlarse (30:17) o maldecir (30:11; 20:20) a sus padres; descorazonado como para poder gastar todo el dinero de sus padres (28:24), y aun sacar a su madre viuda de la casa (19:26). Si bien es cierto que hay padres quienes solamente a sí mismos se pueden dar gracias por su vergüenza (29:15), al fin y al cabo es el hombre en sí el que tiene que cargar su culpa, porque es su actitud frente a la sabiduría (29:3a; 2:2ss), su consentimiento dado o restringido (1:10) al enfrentar la tentación lo que marca su camino.[2]

En conclusión

Ciertamente, nuestra tarea es enorme. Tenemos que confiar en el Señor y estar seguros de que sí estamos trabajando correctamente con nuestros hijos, dedicándoles el tiempo debido, orando a su favor, pidiendo que Dios haga su obra en sus vidas. De esta manera, nuestra esperanza está en el Dios vivo. Nosotros deseamos que nuestros hijos, al llegar a su madurez, no pierdan de vista los valores cristianos de su pasado. Pero al fin y al cabo, no podremos garantizar ese resultado, porque el proverbio no es una promesa categórica ni mucho menos una formula mecánica.

Segundo pasaje: **Efesios 6:1-4**

Hijos, obedeced en el Señor a vuestros padres, por que esto es justo. Honra a tu padre y a tu madre, que es el primer mandamiento con promesa; para que te vaya bien, y seas de larga vida sobre la tierra. Y vosotros, padres, no provoquéis a ira a vuestros hijos, sino criadlos en disciplina y amonestación del Señor.

La Biblia es un libro tan equilibrado y tan conocedor de la realidad y psicología humana. Este pasaje es un excelente ejemplo. Pablo se dirige a aclarar las diversas responsabilidades dentro de la familia. Comienza con los hijos, pero después se dirige a los padres. ¡Nadie sale ileso!

Palabras a los hijos

Los hijos son aquellos nacidos o pertenecientes a un hogar, los que están bajo el control de los padres. Ellos tienen dos imperativos que cumplir: obedecer y honrar. La idea de "obedecer" es la de escuchar, atender, someterse, cumplir la voluntad de quien manda. Pablo dice que esta obediencia es "en el Señor", dando a conocer que una parte medular de la vida cristiana hogareña se demuestra en la obediencia a los padres. Noten que dice "padres", refiriéndose a madre y padre. Algunos hijos no hacen caso a la madre porque ella no tiene el poder o la fuerza para castigar. Tal vez ella ha perdido el control del hogar. Pero tal vez al padre se le respeta y teme. Pablo dice que así no debe ser. Es obediencia a los dos.

El apóstol afirma que esta obediencia es "justa". ¿A qué se podría referir esto? Algunos piensan que en vista de lo que sus padres han hecho por ellos, "me trajeron al mundo, me alimentaron, me vistieron, me educaron, me amaron, me disciplinaron", entonces el hijo debe corresponderles con obediencia. Pero ese no es el significado de esta justicia. ¿Qué hacemos con los hijos que no recibieron todo esto? ¿A ellos se les exime de obedecer a sus padres? ¡De ninguna manera! Es justo porque así es el gobierno que Dios ha establecido para el hogar; estas son las normas para una sociedad sana. Si los hijos siguen esta justa obediencia, hay bendición para el hogar.

Pero, ¿cuáles son los límites de la obediencia? Esto sí es difícil determinar, porque hay casos muy especiales que precisan un consejo cuidadoso. ¿Qué hacer con el padre que exige que el hijo participe en un robo, una mentira o en algún otro pecado claro? Aquí el hijo apela a la frase "en el Señor"; y mientras exista una clara violación de normas bíblicas, el hijo tiene que apelar a la norma más alta. Si el padre no desea que el hijo se prepare para el ministerio cristiano, el hijo tiene que evaluar con seriedad esta oposición, orar mucho al Señor y aun estar dispuesto a postergar la decisión final. Si después de mucha oración, consideración y consejo de personas que no forman parte de la familia, el hijo ya mayor continúa con sus aspiraciones, entonces tiene que estar dispuesto a sufrir los resultados de falta de apoyo moral y aun económico. El ejemplo de la vida de Cristo a los doce años viene a nuestra mente. Cuando su madre le regaña, Él le aclara que hay una norma más alta para Él, la lealtad al Padre celestial. El límite de la obediencia viene cuando el hijo se independiza del hogar. Ya está libre para realizarse separado del hogar, y con su propio sostén económico. Obviamente, al casarse, sus lealtades finales desembocan en el cónyuge y no en sus padres.

Pablo nos manda también a honrar a padre y madre. Esta palabra, "honra", en el Nuevo Testamento significa "fijar el precio, valorar, y de esa manera honrar y estimar". Se refiere a algo diferente a la obediencia, no hay límite para la honra. Aun un hijo o una hija que ha tenido un padre o una madre, o ambos, que fracasaron en el hogar, que en ningún sentido ofrecieron un ejemplo positivo y cristiano a los hijos, aun así hay lugar para valorarlos, para honrarlos.

Este es un mandamiento con promesa, tema curioso en el Nuevo Testamento. Parece que aquí regresamos al Antiguo Testamento con sus leyes y promesas. Pero esto nos habla de la realidad. Los hijos que han honrado a sus padres reciben bendiciones especiales del Señor. Es una referencia, no tanto a que va a vivir ochenta años o más, sino al que, habiendo honrado a padre y madre, enseña esta honra a sus propios hijos, formando una cadena generacional de aprecio y honra. En cambio, los hijos que no han honrado a su padre ni a su madre han ofrecido ejemplo tras ejemplo de fracaso y amargura, el cual se transmite a las generaciones que vienen en camino.

Palabras a los padres

A muchos padres les encanta que se enfaticen los primeros tres versículos de este pasaje, pero no se contentan al ver qué dice Dios de ellos como padres. El pasaje se dirige a "padres" que, como hemos visto, significa "padre y madre". En nuestro medio hispano la responsabilidad general de la formación de los hijos tiende a caer sobre la madre. Ella se preocupa por ellos, asegura que estén estudiando, que adquieran hábitos positivos para la vida; y si es cristiana la madre, ella es la que ora y vela por la vida espiritual de los hijos. ¿Y el padre? Pues él trabaja, gana dinero, paga los gastos, y se ofrece el domingo para un paseo. Con esto el padre concluye que ha cumplido su tarea. O tal vez él es el policía o capataz del hogar y regresa a casa para repartir los castigos merecidos. Pero Pablo afirma que ambos son activos partícipes de la tarea formativa de los hijos. Por ejemplo, un privilegio como padre es el de ayudar a su esposa en la supervisión de las tareas de los hijos. Esto les permite conocerlos más de cerca, amarlos, estimularlos, y orar mejor por ellos.

Pablo comienza con un negativo: "no provoquéis a ira a vuestros hijos". "Provocar" aquí significa irritar, incitar a una actitud o acción negativa. El que deja de provocar ha suspendido la irritación. Pablo reconoce que un padre puede irritar tanto a un hijo que lo empuje a la ira, y aun a romper su relación dentro del hogar. De allí puede pasar a la violencia, concluyendo posiblemente con la ruptura permanente del hogar y la salida final del hijo o de la hija. El paralelo de Colosenses 3:21 ofrece otra perspectiva: "No exasperéis a vuestros hijos, para que no se desalienten". Es posible que el padre o la madre subraye tanto los errores y las debilidades de los hijos que éstos se desanimen; y se quiebre el espíritu interno. En tales casos, lo que muchos hijos hacen es aguantar hasta el punto en que pueden escaparse del hogar. Se van y ya no quieren saber nada de los padres. Lo triste es que se ha dañado seriamente la personalidad misma del hijo; y será un problema para ellos mismos, para sus padres, para la sociedad y para las generaciones que vienen de esas personas. Hemos conocido a muchas señoritas que se han fugado de su hogar, buscando rápidamente su felicidad en un matrimonio inestable.

Pablo, habiendo aplicado la medicina negativa, ahora pasa a palabras curativas: "criadlos en disciplina y amonestación del Señor". Esta es una frase preciosa y llena de responsabilidad. Pablo dice que nosotros, como padres, somos responsables por la formación de nuestros hijos "en el Señor", dentro de la esfera de nuestra responsabilidad como cristiano. No es actividad optativa; es obligatoria.

El sentido de "criar" es el de nutrir y es el mismo término que vemos en Efesios 5:29 traducido allí por "sustentar". Originalmente se refería a la alimentación del cuerpo, pero llegó a abarcar todo lo necesario para el desarrollo del cuerpo, mente y alma. El término griego es enfático: "desarrollo por medio de mucho cuidado y dolor". En otras palabras, nuestra tarea como padres no es cosa tan sencilla que cualquiera pueda hacerlo. Tenemos que estudiar a nuestros hijos, entender su personalidad y psicología, y establecer la mejor manera de formarlos.

El vocablo "disciplina" es una traducción del griego *paideia*, que habla no tanto de información, sino de formación. Enfatiza la instrucción por medio de la corrección. Habla de enseñanza, instrucción, disciplina y hasta castigo. Nuestra tarea no es solo la de castigar, sino la de moldear; y nosotros, los padres, somos los modelos moldeadores. La palabra "amonestación" viene de *noutheteia*, que literalmente significa "poner en mente, amonestar, exhortar". Es una apelación verbal al entendimiento del niño a través del diálogo, la consejería, y la orientación. Vemos de nuevo el equilibrio entre disciplina corporal y amonestación verbal.

Pablo concluye que esto es "del Señor", enfocando el principio del ejemplo espiritual, que nuestro Señor Jesucristo está involucrado en el proceso de la formación de nuestros hijos. Es una formación hacia Cristo, el modelo por excelencia.

Uno de los gozos más profundos de un padre es ver a sus hijos siguiendo espontáneamente al Señor Jesucristo. Decimos "espontáneamente" porque muchos padres obligan a sus hijos a "aceptar a Cristo como Salvador". Esto tiene que nacer de la vida del hijo y la responsabilidad nuestra es doble: ofrecer un ambiente espiritual en el hogar que causa sed espiritual en el corazón del hijo por medio de la vida transformada por Cristo, y segundo, estar listo para testificarle de Cristo a los hijos de una manera natural y práctica. Sin embargo, no hay garantía absoluta que los hijos, al llegar a su madurez como adultos jóvenes, seguirán los valores espirituales de su niñez o juventud. Como ya se ha dicho en otra parte de este libro, ser padre es un proceso y un peregrinaje; nunca termina, pero sí cambia en cada etapa de la vida.

Aplicaciones de los pasajes

Probablemente usted, al estudiar este capítulo, ha comenzado a evaluar su propio trabajo como padre y madre. Para la mayoría de nosotros el ser padre ha sido uno de los retos más grandes de la vida. Es una responsabilidad que casi da miedo. Querámoslo o no, nuestros hijos reflejan a sus padres, con resultados positivos y negativos. La Biblia da por sentado que los padres saben qué es lo mejor para sus hijos. Es triste observar una casa donde los hijos mandan. Pero es hermoso ver una donde hay armonía porque los patrones bíblicos se tratan de practicar, donde los padres se aman y disciplinan en amor, con niños que obedecen y honran en amor. Pero de nuevo, aclaramos que nunca hay familias perfectas, puesto que en todas los protagonistas son humanos, pecadores, en proceso de salvación.

Hemos visto que el proceso de la formación, educación y disciplina comienza cuando el hijo es infante. Antes de comenzar la aplicación de este trabajo, los padres tienen que estar de acuerdo y no solo en que los dos se involucrarán, sino en cómo lo van a hacer.

La disciplina bíblica siempre tiene un propósito. Hebreos 12:6-7 dice: "Porque el Señor al que ama disciplina, y azota a todo el que recibe por hijo. Si soportáis la disciplina, Dios os trata como a hijos". Dios también disciplinará al padre que no disciplina a sus hijos. La negación de formación-disciplina por los padres es pecado, y Dios nos llamará a cuentas.

Los niños son dádivas de Dios. Dios nos ha prestado a nuestros hijos por un tiempo con el propósito de que nosotros les cuidemos, les eduquemos y les orientemos, hasta que ellos lleguen a ser adultos preparados para enfrentar la vida, y esperamos, para servir a Dios sea cual fuese su vocación dentro de la sociedad humana. Al fin y al cabo, ellos le pertenecen a Él. Dios los ama más que nosotros, y Él tiene un plan y un propósito para ellos. Nuestra tarea, en cierto sentido, es la de preparar a nuestros hijos para "irse" del nido familiar. No deben seguir dependiendo únicamente de nosotros emocional, mental y espiritualmente. Como padres, tenemos que proveer para sus necesidades fundamentales de amor y afecto, aceptación total, seguridad personal, cuidado físico-material, comprensión, sentido de su valor como individuos, y disciplina y corrección consecuentes. Y después, soltarlos. Este último "soltarlos", no es fácil, porque hemos convivido tantos años, y vivir con la "casa vacía" es una realidad que solamente los padres que la han vivido saben cómo es. Yo, Guillermo, soy uno de ellos.

Hacia la práctica en el hogar

¿Cómo podemos tratar de implementar la enseñanza bíblica? ¡Hay tanto que la Biblia sí dice, pero hay tanto que no dice! Reciban aquí una serie de sugerencias que arrojan luz sobre la desafiante tarea de formar a nuestros hijos.

Primer principio: Establezca y sostenga normas claras y realistas

Estas normas proveen seguridad al niño, y ellos necesitan pautas claras, fáciles de entender y razonables. Decidan como padres cuáles serán las normas de su hogar y comuníquenlas claramente a sus hijos, repitiéndoselas hasta que ellos las entiendan. Por ejemplo, en algunos hogares un lugar donde no se juega es la sala. Cuesta comunicar la idea, y hay que repetirla varias veces. Pero siempre enfatizamos que hay otros lugares donde jugar, allí podían hacer bulla y gozarse con toda libertad. Obviamente, establecemos desde que los hijos son muy pequeños, que no se juega con cordones eléctricos, luces y cosas que podrían dañarles. Lo mismo hacemos con las botellas de vidrio, los cuchillos, la cocina y las medicinas. Claro que hay desobediencia; nunca esperamos la perfección, pero también hay un proceso de aprendizaje. Hay que recordar a los hijos que ustedes, como padres, tienen un mandato bíblico de guiar y educarles. Esta es parte de su obediencia como adultos en una familia.

A medida que van creciendo los hijos, las normas tienen que adaptarse. Antes era no tocar un alambre de corriente eléctrica, pero ahora ya saben cómo usarlo. Ahora ayudan a su madre en la cocina, y saben cómo utilizar la estufa y algunos aparatos eléctricos. Esto viene con enseñanza y tiempo, modelando lo que se busca.

Otra norma que podemos comunicar temprano en la vida de nuestros hijos es la de hacer su propia cama, y mantener su cuarto en orden. Hemos entrado en hogares cristianos donde los cuartos de los hijos parecen zonas de desastre nacional. Y es la madre, o tal vez la doméstica, la que siempre anda detrás de los hijos -principalmente de los varones- limpiando y ordenando. Hay que responsabilizar a los hijos en estas áreas, porque lo contrario produce dependencia y machismo en los varones.

Otra norma clara tiene que ver con la comida. Enseñe a sus hijos a comer todo lo que esté en su plato. Permitir que se sirvan de mucha comida y comerse solo un poquito es enseñarles irresponsabilidad, y mala mayordomía en sociedades de escasez.

Ustedes como padres tienen que trabajar juntos para establecer las reglas del juego familiar. No será fácil al principio, pero es una labor imprescindible que a la larga producirá hijos equilibrados, acostumbrados a trabajar dentro de las normas del hogar y de la sociedad, y más obediente a las pautas del Señor y su Palabra.

Segundo principio: Alaben, y recompensen verbalmente a sus hijos por buena conducta

Para muchos padres es más fácil regañar a sus hijos y recordarles en qué han fallado en vez de animarles verbalmente. Todos necesitamos que nos feliciten, que nos alienten por medio de palabras honestas, llenas de gracia y personales. No estamos hablando de lisonja, sino de halagos en su sentido positivo. Podemos animar a nuestros hijos a seguir las normas cuando reconocemos su buena conducta. Nadie nace naturalmente con un sano sentido de autoaceptación. Los hijos dependen de nosotros, especialmente en sus primeros años, en cuanto a su autoimagen. Si solo les decimos que son desobedientes, traviesos, y aun malcriados, ellos llegarán a creer que solo son eso. Recuerden que el vocablo "malcriado" tiene más que ver con los padres que con los hijos. Si les llenamos con la confianza de su valor, ellos responderán positivamente. En un caso que conocemos bien, los padres reconocieron que estaban regañando más que animando a su hija mayor. Gracias a Dios los padres se dieron cuenta y cambiaron su comportamiento.

Tengan cuidado de no basar su alabanza, felicitación o regaño en cosas que ellos no pueden controlar, como por ejemplo, su físico, posible belleza o capacidad de inteligencia. Estas son dimensiones sobre las cuales ellos no tienen ningún poder. Nacen con o sin gran hermosura física, y con su propio nivel de inteligencia. Esto está determinado biológicamente. El problema es que nuestro mundo secular enfatiza demasiado estas cualidades, premia a quien las tiene y castiga a quien no las tiene. Al fin y al cabo, estas cualidades no tienen nada que ver con el carácter, ni con la belleza interna, ni con la madurez cristiana, cosas que sí valen en la vida y que a Dios le agradan.

Los niños sí pueden controlar su propia conducta y sus actitudes. Debemos alabar y apoyarles en estas áreas. En cuanto a sus estudios, lo más importante no es que saquen las mejores calificaciones del grado, sino que trabajen al máximo de sus propias capacidades. Y aun en esta dimensión los padres tienen que ser sensibles para no presionar a los hijos a que sean lo que ellos como padres nunca fueron en lo académico. Si sus hijos tienen hermosura y belleza, bien, den gracias a Dios, y cuiden de no crear una actitud de superioridad u orgullo. Hay pocas cosas peores que una mujer presumida por su belleza o inteligencia, o un varón envanecido por su cerebro y hermosura.

Tercer principio: Exijan el cumplimiento de las normas en forma justa y consistente

Uno de los errores más grandes de los padres es la falta de consistencia en su disciplina y educación de los hijos. Un día exigen algo, pero el otro día no lo exigen. Esta variabilidad produce inseguridad y exasperación en nuestros hijos. El problema no está en la disciplina en sí, sino en la aplicación. Ellos quieren y necesitan normas firmes y límites seguros. Cuando establecemos las normas entonces nos toca a nosotros asegurar que ellos las cumplen. No importa si estamos cansados, ocupados en otra cosa, conversando o en cualquier otra causa de distracción. Tenemos una responsabilidad ante Dios y Él nos va a calificar en esta área. Esto requiere autodisciplina de nuestra parte. Tenemos que ser constantes y diligentes. Humanamente es muy difícil cumplir con esto, y tenemos que depender del Señor para que Él nos dé sabiduría y fuerza para ser diligentes.

Los niños son astutos, y pronto aprenden a saber exactamente cuándo es necesario obedecer. Cuando algunos padres piden que el hijo haga algo, el niño sabe que no tiene que actuar hasta la tercera repetición, la que viene con gritos. O tal vez es cuando viene con amenaza de castigo, o cuando nos enojamos. Pero no es tan necesario recurrir a estos extremos. Busquemos a la larga obediencia la primera vez que hacemos la petición. Establezcamos que ellos tienen "derecho" a una advertencia, pero que después habrá corrección y disciplina. Ahora bien, nosotros reconocemos que el niño espera algún estímulo y margen de tiempo para actuar, así que a veces los padres, después de pedir algo, cuentan "uno, dos, tres", y ellos saben que al llegar a "tres" tienen que estar caminando rumbo a cumplir lo pedido. No caiga en la trampa de ser manipulado por sus hijos.

Lo precioso es que los niños aprenda a obedecer porque creen en sus padres. Ellos están seguros y contentos en su corazón porque entienden las reglas y la forma de corrección. No son víctimas de la variabilidad y la explosión.

Es tremendamente importante tratar el problema de la desobediencia lo más pronto posible. No caiga en el hábito de decir siempre: "¡Ahora vas a ver lo que dice papá cuando venga esta noche!" Esto no es justo para ellos ni para papá. Si dejan pasar demasiado tiempo entre la desobediencia y la disciplina, varias cosas pueden pasar. Es suficiente tiempo para que el niño comience a justificarse en su propia mente, y se convenza de que él o ella es inocente y de que sus padres son malos por disciplinarlo injustamente. Los niños pequeños olvidan los detalles del acontecimiento y mucho más tarde no recuerdan su significado. La pronta disciplina busca un aprendizaje de esta experiencia, pero postergar mucho la disciplina produce ansiedad e inseguridad que le puede afectar seriamente. El hijo que merece disciplina la debe obtener en el cuanto antes de la desobediencia. Así aprende que la rebelión produce castigo - principio en la vida real fuera del hogar- y se satisface en el hecho de que en medio de la justicia hay perdón y reconciliación.

Ahora bien, yo, Guillermo, recuerdo de mi niñez que mi madre operaba en dos "cortes de justicia". Una era el "juzgado de primera instancia" en que ella trataba el asunto en el momento. Pero también tenía una "corte suprema" en que el caso pasaba a mi padre. ¡Claro, yo prefería el primer nivel!

La excepción de la disciplina lo antes posible viene cuando están en un lugar público, como en una tienda, o en la iglesia. En estos casos es mejor advertir, y si sigue la desobediencia, aclarar que el castigo vendrá a la primera oportunidad. Yo recuerdo que mi padre a veces me sacaba del lugar público, y afuera y en un lugar aparte, me aplicaba la justicia con la vara del momento: su cinturón.

Cuarto principio: Escoja correctamente el método de disciplina que utilizará

Los padres pueden fomentar odio, miedo, inseguridad y aun rebelión en el corazón de sus hijos por no corregirlos, por corregirlos con exceso, o por corregirlos de manera incorrecta. La meta en la disciplina es que se produzca obediencia, respeto y responsabilidad en el hijo. ¿Cuáles son los varios métodos correctos e incorrectos de disciplinar?

El primero es la amenaza de la pérdida de la comunión: "¡Vete a tu cuarto, no quiero estar ya más contigo!" Este método se debe evitar porque fomenta un espíritu alejado de los padres o de vergüenza. El hijo lo interpreta como rechazo y le duele o lo enoja.

El segundo es el de avergonzarlos en público, humillándoles ante amigos o desconocidos. Todos hemos visto estos casos. Un domingo por la mañana un grupo de jóvenes estaba conversando, cuando llegó el pastor, padre de uno de los muchachos. Al ver a su hijo vestido un tanto informal lo regañó fuertemente ante sus amigos, de esta manera humilló al hijo y a todos los demás. En ese momento el padre perdió gran credibilidad de todos, y por seguro, ante su propio hijo. No era necesaria esa violenta acción verbal. Humillaciones como ésta contribuyen a la ira y al desaliento en los hijos.

Una tercera manera de corregir a los hijos es la que se especializa en burlarse de ellos o ridiculizarlos. No solo es ineficaz sino que es peligroso por los resultados que se obtienen: ira y exasperación. Recuerde que deseamos crear un sano sentido de autoaceptación y autovaloración. El hijo con una autoimagen muy baja y con este método negativo concluye en que de verdad es tonto, insensato, haragán, malcriado, mentiroso, maleducado. No conseguiremos obediencia, respeto y buena conducta si sembramos actitudes tan negativas. Escuchen a sus hijos jugar con sus amigos o muñecas. Sus palabras reflejan cómo sus padres les hablan.

Una cuarta manera negativa de disciplinar es apelar a la pérdida del amor de Dios. "Dios no quiere a niños malcriados como tú", es una de las amenazas más terribles para un niño. Decirle al niño: "Si no me obedeces, Dios no te va a querer o cuidar", es un método desesperado y peligroso del padre. ¡Nunca jamás lo utilice! Las razones son claras. En primer lugar, no es verdad, porque Dios nunca cambia ni falla con nosotros. Los hijos tienen el derecho de saber que el amor de Dios es constante. Ellos necesitan saber que Dios siempre ama, y que perdona cuando uno está de verdad arrepentido y trata de cambiar.

Una quinta manera ineficaz de disciplinar es por medio de los gritos y las amenazas mentirosas. "¡Si no te portas bien te voy a cortar la cabeza!", o "¡la policía te va a meter en la cárcel!", o "un monstruo te va a comer", o "¡le voy a decir al doctor que te ponga una inyección!"

El método positivo de una advertencia antes de la disciplina es suficientemente eficaz si está aplicada y utilizada con diligencia. No hay que llegar a estas amenazas, gritos y mentiras. La mayoría de los hijos responden cuando entienden claramente las normas, y que la rebeldía producirá corrección inmediata. Los niños así como los adolescentes mismos expresan su deseo por un amor seguro de parte de sus padres, que se demuestra en normas firmemente aplicadas con justicia. Si usted no trata a sus hijos con respeto y autocontrol, ellos aprenderán a faltarle al respeto a usted, y a otros. A propósito, nunca castigue a sus hijos estando usted enojado. Le hará daño a ellos y usted se arrepentirá por lo que hizo. Si lo hace, tentación de todo padre, pida perdón a sus hijos.

La pérdida de privilegios es un sexto método, y utilizado con sabiduría puede lograr bastante. "Por desobedecer, hoy no puedes mirar la televisión"; o "no tienes derecho a salir con tus amigos esta semana por lo que hiciste"; o "no podrás salir a tal acontecimiento este fin de semana con tu compañero". Con este método podemos hacerles entender que hay consecuencias por su desobediencia, y que hay que pagar un precio por la desobediencia o la irresponsabilidad. El problema viene cuando la disciplina no concuerda con el delito. Por ejemplo, después de una falta de menor grado: "Durante un mes no podrás salir con tus amigos". Sea justo, pero misericordioso a la vez.

Siempre tome tiempo para explicarle al hijo el porqué de su castigo, y qué es lo que se puede aprender de la disciplina. Recuerde que estamos tratando de forjar actitudes y comportamientos positivos. Por otro lado, eviten apelar a los "sobornos" para producir un buen comportamiento. "Si te portas bien, te daré un helado". Puede ser utilizado en algunos casos, pero el problema es que el hijo comienza a exigir premios más caros y más abundantes para garantizar su buen comportamiento. ¡Los niños son astutos!

Otra variante de esta privación de privilegios es la pérdida de posesiones cuando el hijo daña o rompe algo deliberadamente, sea suyo o de otra persona. Ahora bien, si de verdad fue accidental, esto es otra cosa. Pero nos referimos al abuso de la propiedad. Mejor que el padre le quite tal cosa, y si se quiebra, tal vez que el hijo pague la reparación. Recuerdo bien un caso en mi juventud cuando estudiaba mecanografía, muchas décadas antes de la computadora. Practicando en la máquina de escribir de mis padres, me enojé tremendamente al cometer tantos errores. Al fin, con fuerza, levanté el puño y arremetí contra la máquina.

Después, además de la amonestación, tuve que pagar la reparación. ¡Nunca repetí esa acción tan cara!

Un octavo método es el uso de la vara como instrumento de corrección. La clave está en su uso correcto. En primer lugar, debe ser una varita que cause dolor en su aplicación, pero no muy gruesa. Nunca debe utilizar un alambre como vara, ni un cincho. Mejor una varita de madera. Además, debe ser utilizada después de una advertencia de corrección y no cuando usted esté enojado o ha perdido el autocontrol. Debe mirar la vara como instrumento de liberación. Trate de enseñar y explicar a sus hijos los pasajes bíblicos que recomiendan su uso. Enséñeles que la vara es instrumento de corrección, es cosa objetiva y sin vida. Usted quiere que sus propias manos humanas sean objetos que encarnan amor y bendición, pero la vara es para justicia. El hecho de tener que detenerse, ir a buscar y traer la vara, decirle al niño que se dé la vuelta para poder aplicarla a las nalgas, además de la explicación, todo sirve para que usted recobre su control y disminuya su enojo. Entonces aplique la vara para que cause dolor "equilibrado". La vara siempre va acompañada del diálogo verbal.

Quinto principio: Exprese su amor y aceptación prontamente después de la corrección

No permita que el enojo y el disgusto mantengan la relación quebrantada entre padre e hijo. La corrección correcta y adecuada ha cobrado el pago justo por la desobediencia, y el hijo ya no es culpable. Enséñele que usted lo ha perdonado, y lo ama. El castigo y la vara los liberan a ambos para recobrar su relación y comunión como padre e hijo. Demuestre su amor con un abrazo, un beso, o alguna caricia adecuada y clara. Demuestre su amor con palabras.

Sexto principio: Exprese con regularidad su amor, afecto y cariño

Nunca olvide que los niños necesitan amor y afecto, comprensión y aceptación. Usted como padre puede llenar estas necesidades fundamentales de muchas maneras. Piense en cada hijo e imagine que usted tiene un recipiente de necesidades emocionales. Lo que queremos es mantener ese recipiente lleno. De esa manera el niño o joven se siente más contento, satisfecho y seguro. Él se siente amado y puede funcionar mejor como persona. Pero ¿cómo hacerlo?

En primer lugar, *mantenga un contacto visual directo con sus hijos*. La mirada fija del padre en los ojos del hijo es muy importante. Muchas personas no se dan cuenta de la necesidad de este contacto, pero en esta manera les podemos dar nuestra atención directa y enfocada. Les comunicamos, en una forma positiva y agradable, que ellos son importantes y que merecen nuestra atención. Esto comienza muy temprano en la infancia de los niños, quienes buscan ese contacto visual como parte natural de su desarrollo.

En segundo lugar, *ofrezcan contacto físico entre padres e hijos*. El toque de amor, aceptación y aprecio da a los hijos un sentido de seguridad. Esto incluye toda clase de caricias, como abrazos, besos, toques en la mano o el hombro. Esto, combinado con el contacto visual, produce un niño con necesidades emocionales satisfechas. Es apropiado para todas las relaciones de padre y madre a hijo e hija. Les ayuda a aceptarse a sí mismos, a gozar de la seguridad del amor de los padres, y a relacionarse con otros con mayor libertad. Las niñas, pequeñas y ya jóvenes, necesitan que el padre les demuestre afecto físico paternal. Esperamos que esto les fortalezca para no buscar este afecto en otros jóvenes u hombres de manera inapropiada. Y los varones lo necesitan también, aunque sus necesidades son diferentes. Esto cambia al crecer los niños, pero aun cuando sean jóvenes y grandes habrá ocasiones en que todavía querrán un abrazo y un beso.

En tercer lugar, *comuniquen su amor verbalmente*. Exprese este amor en palabras específicas y frecuentes. Establezca una relación abierta de comunicación con sus hijos, hable con ellos y desarrolle una comprensión mutua. Dígales cómo piensa usted, qué siente y qué es lo que anhela como adulto. No hable solo de cosas que hace. Ellos tienen un gran deseo de conocerle a usted como persona. Dándoles a conocer su propia vida a ellos, que depende de su edad y madurez, usted logrará establecer fuertes vínculos de amistad y confianza que les sirva para el resto de sus vidas. Todos necesitamos oír palabras cariñosas, palabras de ánimo, de aprobación, de aceptación. ¿Cómo califica usted la calidad de conversación con sus hijos?

Antes de enseñarles, guiarles y disciplinarles, tenemos que comunicarles nuestro amor. ¿Qué tal es el ambiente de su hogar? ¿Es cariñoso, tranquilo, un refugio para la familia, aun con todos sus problemas?

En cuarto lugar, *ofrezca atención enfocada para sus hijos*. Aquí estoy hablando de ratos cuando les prestamos a nuestros hijos, uno por uno, toda nuestra atención e interés. Es más que darles cosas especiales, llevarles a pasear como familia, o llevarles al parque zoológico u otra diversión. Es un tiempo cuando usted y su hijo o hija pueden dedicarse tiempo, hablar y experimentar una amistad sin interrupción. Estos son los ratos cuando les comunicamos con hechos que ellos sí son preciosos para nosotros. Es un tiempo para nutrirles emocional y espiritualmente. Esto requiere del padre tiempo, atención y energía emocional. Cuando el hijo pide algo del papá, las dos excusas más comunes son: "No tengo tiempo" y "Estoy cansado". Pero ¿cuáles son nuestras prioridades? Algunos padres han aprendido a tomar tiempo con sus hijos, uno por uno, llevándoles a comer un helado, o desayunando con ellos. Puede ser un tiempo en participan en un juego de mesa, o leen juntos. Pueden lavar el automóvil juntos o participar juntos en algún otro proyecto.

Debido a mi trabajo en el ministerio cristiano tuve muchas oportunidades para viajar lejos de casa. Pero al inicio de mi matrimonio me propuse limitar la extensión de estos viajes en beneficio de la familia, particularmente cuando los hijos necesitan al padre de cerca. No ha sido fácil seguir este plan, pero es sumamente necesario.

Tengan cuidado en el control de la televisión. Puede ser una cosa buena, pero para muchos hogares ha resultado una maldición. Se ha convertido en una niñera electrónica, pero con valores netamente anticristianos. Hay que tener el valor de apagar el aparato al ver que el programa no es bueno. A propósito, participar personalmente con los hijos casi nunca equivale a ver la televisión juntos, a no ser que el programa estimule la discusión de temas importantes. Controle los programas, y limite las horas en que se ven. ¡Mejor lean un libro! ¡Jueguen juntos! Y lo mismo decimos acerca del uso descontrolado de la computadora.

Otro excelente recurso son los abuelos. Muchas veces ellos pueden dedicar tiempo a sus nietos, si es que viven cerca. Ellos pueden invitar a un niño a que venga a pasar la noche, y no todos a la vez. De esta manera van compartiendo su vida individual con cada nieto. Un valor de la cultura hispana es el de la familia extendida, porque la verdad es que se requiere casi una comunidad completa para poder desarrollar el hogar cristiano.

Séptimo principio: Al crecer los niños, involúcrelos en las decisiones familiares

Durante el proceso por el cual pasan los hijos desde la infancia hasta cuando salen del hogar, los padres tienen que tomarles en cuenta en las decisiones familiares. En los años de primera infancia y niñez los padres toman casi todas las decisiones familiares. Pero llega el tiempo cuando ellos, como hijos, tienen algo que decir, particularmente si la decisión les afecta directamente a ellos. Este diálogo comienza probablemente durante los estudios de primaria, cuando los hijos pueden razonar mejor. Hay dimensiones que ellos pueden comentar y sus opiniones son importantes. Esto no significa que los padres pierdan su autoridad. Ellos mantienen el derecho y la responsabilidad de la decisión final con sus implicaciones.

Justamente, hace veinte años, al escribir estos párrafos, tuvimos una crisis que nos llevó a una consulta familiar que involucró a todos los hijos. Resulta que nuestra apreciada perra, "Kelly", estaba gravemente enferma y casi ciega. ¿Qué hacer? ¿Dejarla que sufriera, o permitir que el veterinario la durmiera definitivamente? Así que nos reunimos los cinco en un consejo para decidir. Después de una larga discusión, con muchas preguntas y muchas lágrimas, se decidió permitir que la perra descansara de su dolor. Concluimos en oración, los niños se despidieron de su querida amiga, y a mí me tocó llevarla al veterinario. Mi esposa y yo dimos gracias a Dios por la tremenda oportunidad de dialogar a fondo con ellos, pero fue un momento difícil.

Enseñemos a los hijos a evaluar y decidir sobre la base de la sabiduría. Así les enseñaremos madurez y respeto, y los prepararemos para su vida adulta.

Palabras finales

Dios nunca dijo que la tarea de ser padres iba a ser fácil. Pero sí nos ha dado suficiente instrucción y ejemplo de cómo hacerlo. Para Él, su pueblo Israel era su hijo, y nosotros, al conocer a Cristo personalmente, somos sus hijos. Él ha invertido mucho en nosotros, y continúa su amor y su disciplina cuando le desobedecemos. Sí, la tarea es enorme, y requiere una inversión de todas nuestras energías y tiempo. Pero nuestros niños son la mayor inversión que tenemos. Y también, ellos son los que más sufren al experimentar el fracaso matrimonial de sus padres.

Hago memoria de mi vida como padre al escribir la primera edición de este libro, así como esta revisión. Al ver a nuestros tres hijos, pedimos a Dios sabiduría para poder formarles y guiarles. Mi esposa y yo hemos orado mucho por ellos. Llegaron los días en que ellos salieron, en parte moldeados y formados. Nuestra petición más constante ante Dios ha sido que ellos amen a Cristo por encima de todo lo demás. Esto se demostrará en hechos concretos, en las decisiones más grandes de su vida como adultos. Una es la de casarse bien, y por "bien" entendemos con un cristiano comprometido. Otra decisión grande es la de su vocación. Lo más importante no es que los hijos entren en la vocación escogida de los padres, sea cual fuere, sino que busquen conscientemente la dirección del Señor en esta decisión. ¡Qué rápidamente pasan los años de infancia, niñez y juventud! Pero a lo largo de los años, todo padre sabe que al fin y al cabo no puede controlar las decisiones adultas de los hijos. Ellos son responsables, y muchas veces tomarán una ruta que trae dolor a los padres. Y todo esto nos ayuda a entender la lucha histórica que Dios ha tenido con su pueblo rebelde.

Hemos conversado con padres cuyos hijos ya son mayores. Casi sin falta, ellos han comentado que si pudieran hacerlo de nuevo, invertirían más tiempo en sus hijos. Dejarían más a un lado el trabajo y los otros afanes de la vida para dedicarse a sus hijos. Los que tienen niños pequeños pueden esforzarse mejor para no tener que lamentarse en esta área. Seamos los mejores padres posibles para nuestros hijos, ofreciéndoles amor y afecto, aceptación total, seguridad, cuidado físico y material, comprensión, sentido de su valor y una disciplina y corrección consecuentes y cristianas. Y recordemos siempre que el único padre perfecto es Dios Padre.

Preguntas sobre el capítulo 10

1. ¿Cuál es la importancia de la formación de los hijos para el cristiano?
2. ¿Por qué es que amar y disciplinar son compañeros de formación?
3. ¿Cómo aconsejaría usted a una pareja que cree que al castigar a sus hijos los van a lastimar permanentemente?
4. ¿Cuáles son los distintivos singulares de sus propios hijos? ¿Hay diferencia entre ellos? ¿Cuáles son sus caracteres fuertes y débiles?

5. ¿Cómo demuestra usted su amor para con sus hijos?

6. ¿Por qué es que la Biblia ofrece un límite en el mandato a los hijos de obedecer a sus padres? ¿Por qué será que no hay límite en honrar a sus padres?

7. ¿Cómo ha observado usted la bendición de la promesa en Efesios 6:3? ¿Ha visto lo opuesto?

8. ¿Por qué es que el padre debe participar activamente en el proceso de formación, amor y disciplina de sus hijos?

9. ¿Qué métodos disciplinarios ha usado con sus hijos? ¿Podría mejorar en esta área?

10. ¿Por qué es tan importante establecer y mantener reglamentos claros y realistas?

11. ¿Por qué es tan importante alabar a los hijos?

12. ¿Cómo podemos estimular a nuestros hijos cristianos para que se casen con un cristiano comprometido?

13. ¿Qué tiempo le dedica usted a sus hijos en forma exclusiva?

14. ¿Por qué y cómo se controla la televisión?

15. ¿Cómo está usted orando por sus hijos?

Capítulo 11

Hacia una sana educación sexual de nuestros hijos

Cuentan la historia de una niña que regresó a su casa, buscó a su madre, y le preguntó: "Mamá, ¿de dónde vine yo?" Con esto la buena madre se puso muy nerviosa y se dijo dentro de sí: "Al fin vino la pregunta tan difícil de la educación sexual". Después de recuperar su serenidad, inició una larga historia de las plantas, las abejas, los animales y los seres humanos, explicando cómo se reproducen. Después de terminar todo, le preguntó a su hija: "¿Lo entendiste bien todo?" Y ella respondió: "¡Claro que sí, mamá! Pero es que hoy estaba jugando con Margarita y Cecilia y me contaron que ellas venían de ciudades del interior del país, y yo quería saber de dónde había venido yo".

¡Vaya historia la de la educación sexual de nuestros hijos! Pero la realidad es que la mayoría de los padres no están preparados para contestar estas interrogantes de sus hijos, aunque la madre del relato al parecer sí lo estaba. Aquí viene una pregunta a nuestros lectores: ¿Qué edad tenían ustedes cuando entendieron claramente "cómo se hacen" los bebés? Algunos dirán que les informaron de muy jóvenes o aun en su niñez, y a otros de adultos. Pero pocos, probablemente tuvieron una adecuada y positiva preparación en esta área.

En los años que enseñaba en el Seminario Teológico

Centroamericano, yo, Guillermo, hice una pregunta a la clase de Hogar cristiano: "¿Cuántos han recibido una orientación sexual adecuada por sus padres?" Ningún varón levantó la mano, y solo dos señoritas la levantaron. Supimos de una señorita cristiana, graduada universitaria, profesora de 25 años, que meses antes de su boda logró entender al fin las relaciones sexuales del matrimonio y la procreación. Sus padres nunca le habían dicho palabra alguna.

El reto de la educación sexual

Claramente enfrentamos extremos dentro de los hogares respecto a la educación sexual. Algunos hogares, principalmente no cristianos, han permitido un libertinaje sexual, y la orientación ha sido negativa y destructiva. Tal vez otros hogares han enfatizado aspectos físicos y pragmáticos, sin ética o moral alta. Por otro lado, la mayoría de familias cristianas han optado por el silencio. El sexo resulta algo "sucio", o como dijo un buen cristiano: "si el sexo es tan vil, ¿por qué lo hizo Dios?" Algunos padres, pensando que el silencio es la mejor ruta, no se han percatado de que solo han postergado un problema mayor. La falta de una orientación positiva y cristiana puede resultar en una serie de graves problemas: sentido de culpa por pensamientos sexuales íntimos, masturbación descontrolada, caricias íntimas durante la amistad o noviazgo, embarazo prematrimonial, niños no deseados, separación o divorcio después del matrimonio.

El caso se complica si los padres concluyen que ese tema no es para ellos, y creen que otra persona o institución llenará el vacío, o simplemente evaden la realidad por decisión personal o por ignorancia. Esto es defecto de la paternidad responsable. Estamos convencidos de que ni la escuela, ni la calle, ni otros familiares o amigos, ni aun la iglesia tienen la responsabilidad primordial en esta área. Pertenece al padre y a la madre. En caso de una madre soltera, la responsabilidad le pertenece a ella. Muchas escuelas tienen ahora programas de orientación sexual para la niñez y la juventud. Cada padre y pastor debe cerciorarse, para estar seguro, de que sabe y entiende qué se está enseñando a los niños. El problema de esta orientación en la escuela es que muchas veces carece de base ética cristiana, se comunica fuera del ambiente hogareño, y a veces hace burla de las normas bíblicas. Y más y más hoy día, en muchas escuelas y colegios presentan el homosexualismo como patrón normal humano que nadie debe criticar.

La mayoría de la información que se recibe "en la calle", sea con los amigos, en los corredores de los centros educativos, en el trabajo o en los miradores aislados de los novios, no es sana ni cristiana. Pero si no se hace en el hogar, ¿cómo se hará? Si la iglesia evangélica ofrece una educación sexual, está bien; pero se debe comenzar capacitando a los padres de familia. Todo lo demás parte de este punto. Lo que la iglesia hace debe reforzar lo que se hace en el hogar.

La tarea pertenece a los padres y esto significa padre y madre. Esperamos que el hogar esté unido, aunque reconocemos que no es así para muchos. En caso de que uno de los padres tenga actitudes fuertemente no cristianas, la orientación tendrá que hacerse por el cristiano, sea la madre o el padre. Pero nuestro punto de partida es que el padre no tiene derecho a concluir que ésta es otra tarea que pertenece a las mujeres, y así él se lava las manos. No, los hijos necesitan modelos positivos de padre y madre en el hogar, de padres que les aman lo suficiente como para abarcar el tema de la educación sexual. Si hay hijos varones, el padre debe ser la fuente principal de enseñanza sexual, siempre con líneas abiertas de comunicación con sus muchachos. Si hay hijas, la madre será la mayor responsable de su orientación. Pero los dos trabajarán en equipo. Si no hay modelos de padre y madre, deben buscar tíos y tías cristianas, u otros amigos que les den ejemplos positivos.

Póngase a pensar. ¿Cuántas palabras bíblicas requieren una previa comprensión del tema sexual? He aquí unos: circuncisión, anticoncepción, esterilidad, menstruación, menopausia, Onán, fornicación, homosexualidad, caricias sexuales, prostitución, virginidad, fertilidad, relaciones sexuales íntimas, aborto, tentaciones sexuales, parto, nuevo nacimiento. Es un tema bíblico, y nosotros como padres cristianos debemos tomar la delantera en la orientación.

Siendo que es tema bíblico, esto presupone que hay una tabla de valores cristianos que nos ayudan en la orientación sexual de nuestros hijos. Presentemos un cuadro positivo y realista de la sexualidad con las directrices bíblicas que gobiernan su uso. Dios es el autor de nuestra sexualidad, y ha dado reglas para su utilización. No nos rebajemos a las normas seculares o pecaminosas porque son tergiversaciones de la norma bíblica. Cuando la Biblia habla de pureza sexual, o que las relaciones sexuales son solo para el matrimonio, reconocemos que el mundo secular tiene otras opiniones. Pero les hacemos frente con nuestras profundas convicciones cristianas.

Definición y propósito de la educación sexual

Cuando hablamos de la educación sexual tenemos que eliminar unos malos conceptos. Por ejemplo, algunos piensan que la educación sexual estimula el apetito sexual pecaminoso. La realidad es que si no orientamos, sí estimularemos al pecado. Los hijos tienen curiosidad y buscarán las fuentes para satisfacer esta curiosidad. La buena orientación sexual es medicina preventiva. Tampoco es la orientación sexual pornográfica. El hecho de tener en casa libros adecuados sobre el tema, inclusive con ilustraciones a color, no significa que esta literatura sea pornográfica. La pornografía tuerce el sexo y enfatiza lo erótico para causar excitación sexual. Nuestro énfasis está en la creación de Dios. La educación sexual no es un estímulo hacia la experimentación sexual. Algunos padres creen que si instruyen a sus hijos en esta área, lo primero que van a hacer es salir a poner en práctica sus conocimientos. Esta actitud refleja una triste ignorancia.

Entonces, ¿cuál es la orientación sexual que debemos dar a nuestros niños? Es la provisión de un ambiente de comunicación por medio del cual los padres familiaricen a sus hijos con el concepto humano y bíblico de sexualidad y reproducción. Es también la demostración de una actitud cristiana hacia el sexo. Es comunicar con lenguaje adecuado los datos básicos sexuales, reduciendo la tensión, el temor y la ignorancia. Es llevar a los hijos a una aceptación de su sexualidad, a un respeto por el otro sexo y a un aprecio y control de este regalo tan bello y poderoso que Dios nos ha dado. Todo esto es la educación sexual para nuestros hijos. Si se hace bien, ayudará a nuestros hijos a aceptar su identidad sexual, sea su feminidad o su masculinidad.

Principios fundamentales de la educación sexual

Antes de entrar en detalle, aclaremos unas cosas. En primer lugar, este capítulo enfoca mayormente la familia con hijos pequeños, donde el trabajo de orientación se puede hacer desde la más temprana edad.

Sin embargo, los principios son adecuados para todas las edades. Segundo, hay que recordar que el concepto "sexo" no tiene el mismo significado para un niño, una niña, o un joven. El niño lo ve a través de una perspectiva limitada, y sus preguntas e inquietudes tienen que ver con cosas concretas. El joven y el adulto ven el tema con amplitud, experiencia, y aun pecado. Otra cosa que debemos recordar es que la educación sexual no comienza a una edad fija, predeterminada. Depende mucho de la madurez y personalidad de cada hijo. Comienza cuando hacen preguntas espontáneas y normales, cuando se dan cuenta de que los niños y las niñas son diferentes, o cuando nace un nuevo niño.

Primer principio: Provea un ambiente positivo y sano en el hogar

Un fenómeno de la educación sexual es que muchas veces se hace sin que los padres sepan qué está ocurriendo. Viene por medio del buen ejemplo ofrecido por padre y madre. Los niños son grandes observadores del comportamiento de sus padres, de la autoaceptación de sí mismos, de su sexualidad, del respeto mutuo que existe, de la manera en que solucionan sus problemas. Al observar a padres enamorados, los niños se dan cuenta de que el amor del matrimonio es algo especial. Alguien ha sugerido que la educación sexual comienza en la cocina. El cuadro es que el padre, al regresar por la tarde del trabajo, entra en la cocina para saludar a su esposa, y al encontrarla, le da un pellizco amoroso, un beso de ternura y le expresa afecto con sus palabras. De esta manera, los hijos aprenden a ver cómo se aman sus padres en la rutina de la vida.

Otra dimensión del ambiente positivo y sano es que los padres demuestran en su vida privada que los valores cristianos sí funcionan. ¿Existe honradez en los detalles de la vida, en su hogar? Por ejemplo, ¿qué pasa si su hijo contesta el teléfono y dice: "Papá, te llaman", pero usted dice: "Dile que no estoy"? Este viejo truco para salir de situaciones difíciles sencillamente es una mentira. Y de esa manera se enseña a los hijos a mentir, dentro y fuera del hogar.

Segundo principio: Ayude a sus hijos a aceptarse a sí mismos y al sexo opuesto

En algunos hogares los esposos desean demasiado que nazca un varón, pero solo nacen mujeres. En algunas ocasiones lo que sucede es que uno o los dos padres comienzan a tratar a esta hija como a un varón. Tal vez le ponen incluso nombre masculino. La visten más con pantalones y la impulsan a actividades y juegos de hombre. Lo contrario también sucede cuando nacen solo hombres y los padres desean por los menos una mujer. Comienzan a imponer al muchacho vestidos, modales y otras costumbres de mujer. Este problema obviamente no debe existir dentro de un hogar cristiano. Además de producir una confusión de identidad y del papel en la sociedad puede abrir la puerta para una homosexualidad posterior.

Pero otro problema de la falta de aceptación de la sexualidad sucede cuando el padre hace referencias y comentarios de desprecio a la madre, o acerca de las mujeres. También se ve cuando la madre hace esto con el padre o con los hombres en general. Esto se observa en hogares donde el padre es moralmente débil, irresponsable, ausente o ha abandonado el hogar. Lo "natural" es que la madre comente negativamente del padre, acusándole de los verdaderos males que ha causado. Aumenta la gravedad cuando ella dice algo como: "Es que todos los hombres son así de malditos". Estas actitudes van creando una imagen mental en los hijos; y al crecer tendrán problemas en su autoaceptación y en la aceptación del sexo opuesto. Algunos no querrán casarse por estos conflictos.

A temprana edad tenemos que tratar las evidencias de la guerra entre los sexos. Dentro del desarrollo normal psicológico de los niños hay etapas de repudio entre niñas y niños. Este, en sí, no es gran problema, pero tiene que ser equilibrado mediante actitudes correctas establecidas en el hogar. Si la familia tiene hijos de ambos sexos, tenemos que enseñarles el respeto mutuo como hermanos, y también la necesidad de respetarse en el colegio como niños y niñas.

Tercer principio: Prepárese usted mismo como padre para la educación sexual

No le tenga miedo a los futuros interrogantes de sus hijos, ni se sienta avergonzado por su participación. Pero ¿cómo prepararse? Primero, lea artículos y libros adecuados, de preferencia con valores cristianos. No hay que comprar muchos. Les sugerimos que lean la bibliografía donde como autores hemos ofrecido un listado de libros de valor.

Todos estos libros pueden ser leídos por los padres para saber cuál es su contenido. Muchos niños pequeños requieren la participación activa de uno de los padres en la lectura y el diálogo.

Otra fuente de información viene de conferencias especiales alusivas al tema, dictadas en la iglesia u otro lugar, y destinadas a ayudar a los padres en su tarea personal. También se puede recurrir al pastor, consejero u otra persona con experiencia en el asunto. Se sugiere que cada cuánto haya una clase de escuela dominical o algo parecido para tratar el tema, trayendo a una persona preparada.

Cuarto principio: Conteste las preguntas diciendo la verdad

Algunos dirán: "¡Qué absurdo! ¡Claro que hay que decir la verdad" Pero la realidad es otra. En Guatemala había una casa comercial, Mi Amigo, cuyo eslogan propagandístico era: "La cigüeña los trae, Mi Amigo los viste". Muchos padres, por ignorancia o miedo, sencillamente recurren a la mentira para salir del paso. Pero en la educación sexual no hay que evadir la pregunta que nace del niño sincero.

Cuando vienen las preguntas siempre hay que establecer precisamente qué es lo que el niño busca saber. Si la hija pregunta: "Mamá, ¿por qué los niños y las niñas son diferentes?", su tarea primera es la de averiguar por qué pregunta. Debe averiguarlo sin causarle miedo ni culpa a la niña, y en un tono normal cerciorarse del caso. De este modo, los padres pueden enfocar la respuesta adecuada, y tal vez podrán evitar detalles excesivos o una explicación muy larga.

En un caso de padre e hijo, una noche estaba aquél sobre la cama con su hijo de siete años. Los dos estaban leyendo algo, cuando el hijo preguntó: "Papá, ¿los niños se hacen cada vez que tú besas a mamá?" "¿Por qué lo preguntas, hijo?" Y el chico explicó: "Es que me parece difícil todo esto. ¿Cómo es que cuando se besan, la semilla tuya puede atravesar la ropa interior, el pantalón, la falda de mamá y su ropa interior para entrar al canal especial y así juntarse con el huevo que está esperando?" Cuando el padre se recuperó de la sorpresa de tal información, comenzó a explicarle el proceso de nuevo. "No es así cómo se hacen los niños, sino cuando los papás se juntan solos en la cama, con la puerta cerrada, se besan, se aman y el papá introduce el pene en la madre y así salen las semillas para buscar el huevo". Al terminar la explicación, el niño simplemente dijo: "Ah, ahora lo entiendo", y regresó a su lectura. El padre se quedó pensativo, reconociendo que la mente de los niños es muy especial.

Digamos la verdad con calma, averiguando qué buscan los hijos con sus preguntas, y sin inculcar culpabilidad por el interrogante.

Quinto principio: Prepare a sus niños para el futuro

Aquí debemos tener en cuenta unos factores especiales. Si se trata de una niña, la mayor parte es tarea de su madre. En el caso extraño de que la madre no viva en el hogar, tal vez la madre de una amiga cristiana, una tía u otra persona puede hacerlo. En ausencia de ellas, ¿por qué no hacerlo el padre? A las niñas hay que prepararlas para los cambios físicos y emocionales que van a experimentar al entrar a la preadolescencia y la adolescencia. Esto significa explicar el proceso y el porqué de la menstruación. En vez de ser una experiencia que de repente sorprenda a la niña causándole profunda culpa y temor, puede ser un tiempo de expectativa al "comenzar a ser mujer", reconociendo que es todo un regalo de Dios que la prepara para ser madre. Hay que explicar el desarrollo de las características femeninas como los senos, el vello en las axilas y en la región púbica y otras cosas. También hay que comunicarle su valor como persona-mujer ante Dios, quien la creó con el sexo femenino. Esta autovaloración tiene que comenzar desde temprana edad para evitar conflictos más tarde.

Si es varón, debe ser tarea del padre. También hay que explicarle los cambios físicos que comenzará a experimentar al entrar en la preadolescencia: la voz más ronca, el vello en las axilas y la región púbica, la barba y otros elementos. Más tarde habrá que prepararle para las emisiones nocturnas que en sí no son pecaminosas. También hay que enseñarle a respetar a las mujeres de toda edad, valorizándolas como personas creadas a la imagen de Dios.

A los dos hay que enseñarles acerca del precioso regalo de la virginidad, de la belleza del sexo dentro de las normas matrimoniales. Es imperativo que a temprana edad comencemos a inculcar normas altas y bíblicas respecto a lo que se puede experimentar antes del matrimonio, y lo que Dios guarda para la vida matrimonial. Se da por sentado que la enorme mayoría de varones en nuestro medio latino han celebrado relaciones sexuales prematrimoniales antes de casarse. Pero esto no indica que sea normal. Más bien es anormal dentro del marco cristiano.

Sexto principio: Provea literatura y ejemplos de la naturaleza

Ya hemos comentado la necesidad de buena literatura cristiana para orientar a nuestros hijos en esta área. Asegúrese de que ha leído lo que sus hijos leerán. Esta literatura debe reflejar una alta norma ética, generalmente ilustrada, adecuada a la edad y el sexo, y de preferencia escrita por cristianos.

La naturaleza misma provee buena enseñanza. Una madre dijo: "Nuestra gata ha sido excelente maestra de educación sexual". ¿Cómo? Simplemente, que a través de la experiencia de la gata familiar, los hijos comenzaron a entender el proceso de la procreación y el nacimiento. Yo, Guillermo, recuerdo que nuestra perra pastor alemán fue maestra en nuestro hogar. Cuando tuvo su primer tiempo de celo, los hijos se asustaron al verla sangrando. Yo les expliqué que esto era parte del desarrollo normal y que no se preocuparan. Les dije que la segunda vez que entrara en esa condición le buscaríamos un "esposo" adecuado para que ella fuera madre. Al tiempo llegó la época; buscamos al "padre", llevamos a nuestra perra para el "casamiento", y a los cuatro días regresó, no "señorita", sino "señora". A las cuantas semanas nacieron diez cachorros, y la experiencia de verlos nacer fue toda una educación para la familia. Cuando murió un cachorro, el "servicio fúnebre" fue otra ocasión de enseñanza en cuanto a la de la muerte de animales en contraste con la de los seres humanos.

Séptimo principio: Advierta a sus hijos acerca de la perversión sexual

Muchas cosas que el mundo llama "normales", para el cristiano son perversión, y esto hay que comunicárselo a los hijos. El concepto del sexo en muchos círculos ha tomado matices tan perversos que los niños crecen en esos ambientes pensando que así vive todo el mundo. Hay que explicarles a los hijos acerca de la literatura pornográfica, el cine y la televisión con sus programas que enfatizan el sexo, la desnudez y el vocabulario soez. Más y más, la televisión presenta programas que enfatizan demasiada violencia y sexo, sean comedias, noticias o novelas. A veces es necesario apagarlo, o por lo menos cambiar de canal. El Internet ofrece otra ventana de entrada a la perversión sexual, y los padres tienen que vigilar y controlar el uso de la computadora. Explique a sus hijos acerca de hombres que exponen sus partes sexuales en público, y que al ver algo similar salgan corriendo hacia un lugar seguro. Enseñe a sus hijos lo que significa la homosexualidad, los chistes y las palabras vulgares, y las palabras de doble sentido sexual.

Octavo principio: Aproveche oportunidades naturales para hablar del sexo

Algunos podrán mal entendernos aquí. No estamos diciendo que los padres han de guiar toda conversación hacia nuestro tema. No. Lo que sugerimos es que estemos listos para abarcar el tema con toda naturalidad. Por ejemplo, cuando los hijos son pequeños puede ser que se bañen a veces juntos en una tina. En tal vaso prepárese para la niña que exclamó: "Mamá, ¿por qué es que mi hermano tiene uno de esos y yo no tengo uno?" Ella ha notado por primera vez el pene de su hermano. En vez de regañarla, tomemos la oportunidad para comenzar a explicar el porqué de las diferencias sexuales: "Si bien es cierto que el hombre tiene cosas especiales fuera del cuerpo, Dios ha creado a la mujer de forma diferente. Ellas tienen dentro de su cuerpo, en lugares bien protegidos, todas las cosas necesarias para poder hacer un bebé". La sencilla respuesta soluciona la duda, no causa ninguna morbosidad y los dos regresan a sus juguetes de baño. Es recomendable usar un lenguaje correcto y claro acerca de los órganos sexuales, como por ejemplo: pene, testículos, vagina, matriz, ovarios.

Otra oportunidad que podemos tomar es cuando el hijo regresa del colegio o la calle utilizando una palabra vulgar. Lo más probable es que el hijo no entienda el vocablo, y no hay que regañarle al usarlo la primera vez. Hay que averiguar dónde lo aprendió, y después explicarle por qué no forma parte del vocabulario de una buena familia. Ahora, si continúa utilizándola, entonces sí, hay que disciplinarle. ¡Esté seguro de que su hijo no aprenda estas palabras en casa!

Cuando la madre o una familiar o amiga de la casa está embarazada, es un tiempo bueno para preparar a los hijos. En un caso, la madre esperaba su tercera criatura, y los dos mayores tenían capacidad para hacer buenas preguntas, y también para entender qué estaba pasando. La pregunta más delicada fue: "Pero, ¿cómo comenzó a desarrollarse el bebé?" Esta es la pregunta más difícil. Uno de los momentos emocionantes es cuando los hermanos pueden sentir el movimiento de la criatura dentro de su madre. Después del parto es posible que los niños quieran una explicación de cómo salen los recién nacidos de su madre.

En ocasiones en que usted encuentre a sus hijos jugando con sus genitales con sus amigos, sí hay que explicarles a solas la necesidad de evitar este tipo de juego. Pero los niños pasan por una fase en la infancia cuando juegan con sus propios genitales a solas. Aquí hay que ser muy sensible con los niños. Desdichadamente hay juegos sexuales que los niños aprenden de otros y a los padres les toca tratar estas situaciones con mucho tacto.

Otra oportunidad para la conversación normal viene cuando los niños comentan la actividad sexual de los animales, o cuando demuestran dudas o interés en algún aspecto de la vida sexual en general.

Noveno principio: Su ejemplo es clave

Su actitud y su propia vida serán los mejores instrumentos usados por Dios para preparar a sus hijos para la felicidad y el equilibrio sexual. La manera en que ustedes, los esposos, se tratan, y cómo demuestran afecto es casi más importante que lo que dicen acerca del amor. Provean un modelo sano, positivo, cristiano. Dediquen tiempo a diario para orar a favor de sus hijos. Sus niños son su tesoro más grande. ¡Seamos excelentes mayordomos!

Preguntas sobre el capítulo 11

1. ¿Qué orientación sexual recibió usted de sus padres?
2. ¿Quién le orientó en esta área? ¿Qué ideas erróneas tuvo?
3. ¿Cuál es el reto de la educación sexual?
4. ¿Por qué es que esta tarea pertenece principalmente a los padres?
5. ¿Cómo es que la educación sexual es tema bíblico?
6. ¿Cuál es la importancia de un ambiente positivo y sano en el hogar?

7. ¿Cuáles han sido las preguntas sexuales de sus hijos? ¿Cómo les ha contestado?

8. ¿Por qué es que una buena educación sexual corrige el machismo en los niños?

9. ¿Qué libros tienen sobre este tema? ¿Cómo los han utilizado?

10. ¿Cuál es la importancia de enseñar el concepto bíblico de la virginidad?

11. ¿Qué oportunidades "naturales" ha tenido para hablar con sus hijos sobre este tema?

CAPÍTULO 12

Gocémonos en la recreación familiar

Concluimos con un tema significativo y estimulante para toda la familia. Dios ha diseñado a la familia para que muchas de las lecciones más importantes de la vida se aprendan no en el aula, ni en la iglesia, sino en la vida de la familia que sabe reírse, gozarse y experimentar momentos de distracción, diversión, juego y recreación. Estas son las oportunidades en que el aprendizaje se logra espontáneamente, casi sin saber qué está ocurriendo. Es un vivir las enseñanzas del libro de Deuteronomio, capítulos 6 y 7 en nuevas dimensiones. Es compartir en forma natural, sabiendo que todo lo que el cristiano hace lo hace para la gloria de Dios.

Una definición de recreación

El vocablo tiene un trasfondo del latín, y se refiere a algo que refresca a la persona que ha creado de nuevo, que ha cambiado algo por medio de su experiencia. Una actividad recreativa es algo que uno escoge para diversión sin obligación. Se ha definido también como el útil uso del tiempo libre. Es un alivio al trabajo y a la rutina de la vida.

Algunos de ustedes tuvieron padres o abuelos que nunca pudieron experimentar la recreación, sencillamente porque tuvieron que dedicar cada minuto que estaban despiertos al trabajo y a la urgencia de la supervivencia. Pero para muchas familias hoy, su vida ha cambiado y tienen más tiempo libre. En algunos países el horario de trabajo semanal se ha acortado para trabajar cinco días y medio, o incluso solo cinco. Tenemos más cosas que facilitan la vida: la estufa de gas o electricidad en vez de la de leña; luz en vez de candelas; transporte mecanizado, incluso auto propio, en vez de ir a pie o a caballo; teléfonos en vez de caminatas para dar noticias; juguetes de toda clase en vez de unos pocos de madera; aparatos eléctricos para cocinar y lavar la ropa en vez de hacerlo todo a mano; computadoras para comunicarnos al mundo entero. Sí, tenemos una tecnología avanzada que curiosamente para muchas personas trae aburrimiento en vez de placer. Este es el caso principalmente de personas que piensan que la adquisición de cosas automáticamente les traerá felicidad. Para el cristiano hay otra perspectiva.

Hoy hay más tiempo para las vacaciones, particularmente en algunas naciones donde las leyes laborales permiten o exigen hasta treinta días de vacaciones, con pago completo. Y combinado con el crecimiento de tiempo libre existe la "industria" de la recreación con centros especializados y parques atrayentes. La televisión y el cine comercial se nutren del tiempo libre. Las telenovelas no existirían sin amas de casa con tiempo libre.

El tiempo libre es el período de tiempo que no se ha apartado para trabajar o hacer algo obligatoriamente. En el tiempo libre y la recreación nosotros escogemos lo que queremos hacer. Ahora bien, ¿cuántas horas de tiempo libre tiene usted? Saque el cálculo de las siguientes categorías de horas para:

trabajo	_____	mandados	_____
dormir	_____	compras	_____
comer	_____	aseo y limpieza	_____
transporte	_____	estudio	_____
iglesia	_____	otras actividades	_____

Ahora haga la suma, y réstela de las 168 horas de la semana. ¿Le sobraron algunas horas? Este es su tiempo libre. Y, ¿qué hace con ese tiempo? Si no le quedó tiempo libre, entonces ya es hora de que usted evalúe bien su horario y comience a recordar para dedicar tiempo para su familia.

Actividades del tiempo libre y la recreación

Hay muchas cosas que podríamos incluir dentro de nuestra recreación, y las mencionaremos más adelante. También hay un mal uso del tiempo libre: alcoholismo, drogas, peleas, argumentos, vida ociosa, juegos de azar, excesivo tiempo ante la televisión, las telenovelas; y otras actividades, pecados, vicios y aun cosas que provocan conflicto con las actividades principales de la iglesia.

La persona sabia sabe que tiene que evaluar sus actividades de tiempo libre para ser un buen mayordomo de todo su tiempo. La recreación es para todos, y no solo para los niños y jóvenes; es para adultos y ancianos, es para familias enteras. Es para toda persona que necesita refrescarse y que se goza en estas ocasiones. Los valores de la recreación son muchos. Deja las tensiones y las frustraciones del trabajo y la "vida normal". Hace experimentar relajamiento y descarga de presión. También mejora el sentido de autoconcepto después de la recreación.

Se goza en la plenitud de la creación de Dios. Para la familia es un tiempo especial de compañerismo, de inversión en los hijos y de ellos en sus padres. Es un tiempo para esa educación informal donde se enseñan valiosas lecciones de ética y moral: cómo jugar con justicia y honradez; cómo ganar sin enorgullecerse y cómo perder sin enojarse. Recordamos las historias acerca de la vida de Cristo como niño con sus padres. Nos imaginamos que en aquellos viajes a Jerusalén —por lo menos cada año— el niño y después el joven Jesús se gozaba de las largas caminatas, de los juegos con sus amigos y del intercambio social, mental, emocional, recreativo y espiritual con sus padres y su familia grande.

La recreación familiar significa la participación de todos los miembros de la familia. Es una cosa que la familia planifica y que contribuye a su desarrollo e interacción. Hay diferentes tipos de recreación familiar: algo que hacen todos y en que todos participan activamente, y lo que incluye a todos pero tal vez no con el mismo grado de actividad personal. Por ejemplo, si vamos a ver un partido de fútbol en que juega un hijo, o una competencia de campo y pista en la cual participa nuestra hija, estaremos involucrados, pero no en el mismo nivel. Sin embargo, todos estamos participando. Si ellos ganan en su actividad, pues bien; y si pierden, pues también está bien. Para los padres, lo importante no es que ellos siempre ganen, sino que aprendan a ganar y a perder, sabiendo que en la vida hay que ceder con gracia. Lo importante es el hecho de estar juntos.

Aquí es cuando como padres tenemos que decidir entre cosas que a nosotros nos gustan, y las cosas que a la familia entera le gustan. Francamente, muchas veces el esposo quiero hacer lo que yo deseo hacer, y le pone atención a las peticiones de la esposa o los hijos. Pero tenemos que tomar decisiones de prioridad, y deseamos aprender a ser mejores padres con nuestros hijos cuando ellos lo pidan. En un estudio que se hizo hace poco tiempo sobre padres e hijos, salieron a la luz las dos excusas que el padre ofrece a sus hijos cuando le piden que hagan algo con ellos: "Estoy cansado", y "no tengo tiempo ahora". ¡Qué triste es cuando esto caracteriza a nuestra familia!

Los criterios que se siguen para decidir la actividad son varios. En primer lugar, hay que consultar entre padres, y entre padres e hijos. ¿Será algo para toda la familia, o para algunos? ¿Requerirá dinero, o es gratis? ¿Se pide ejercicio físico fuerte? ¿Es más actividad mental, o deportiva? ¿Incluye a toda la familia, aun a los pequeños? ¿Se puede hacer en casa o en el patio, o hay que viajar?

¿Qué hacen ustedes para elegir su propia actividad recreativa? Aquí viene una lista parcial:

nadar	viajes al campo
jugar fútbol, baloncesto,	caminatas
balonmano, correr u otro deporte	alpinismo
juegos de mesa	paseos
cantar	corte y confección
escuchar música	ir a parques con juegos mecánicos
tocar algún instrumento	visitar parques zoológicos
leer	jardinería, o cultivo de hortalizas
cocinar (por gozo y no por	y flores
obligación)	ir a un retiro o campamento
salir a comer	ver la televisión, ir a un concierto
montar a caballo	practicar una afición
patinar	otras actividades sociales
excursiones al campo	otras actividades culturales

La lista en ningún sentido es exhaustiva, sino que solo sugiere posibilidades para la familia. Una buena familia estudia el asunto para poder establecer qué van a hacer. Por ejemplo, este fin de semana tal vez saldrán como familia a patinar, actividad todavía encantadora para los niños chicos, y menos para los jóvenes o los padres. Pero es algo que los chicos escogieron. Tal vez saldrán con unos buenos amigos y esto añade dimensiones a la recreación. Y después de cansarse, irán a comer juntos. Será un tiempo libre totalmente ocupado en buenas cosas para la familia. Cuando salen de vacaciones nos es bueno ir a un lugar retirado a pasar los días a una casa de campo a la orilla de un precioso lago, donde pueden regocijarse. Son actividades variadas que dan sabor a la vida. Una idea es de tener en casa una colección de juegos de mesa que han adquirido a través de los años. Algunos pueden ser jugados por todos los niños, y otros son para los más maduros.

Les advertimos acerca de la televisión. Es un excelente medio de comunicación y aun de diversión. Pero tengan cuidado de no llegar al punto en que la televisión les controle a ustedes, particularmente en horas de comida, o en un tiempo que podría ser utilizado con mejor provecho para la familia, o en lecturas u otra actividad. Jamás utilicen la televisión como "niñera electrónica". También tengan control del uso de la computadora, para que no sea escape de la realidad y del intercambio entre humanos y familia.

Finalmente

La recreación familiar es una dimensión nueva para muchas familias, pero es una parte de la vida que puede cobrar un significado muy especial para formar vidas, y para establecer patrones bíblicos en los hijos. Son oportunidades para forjar ricas memorias y ocasiones para invertir creatividad y tiempo en nuestros hijos. No siempre requiere dinero pero sí requiere tiempo. Requiere evaluación para determinar lo mejor para la familia. Es algo que Dios puede bendecir. A los padres les exhortamos a que no se dediquen tanto al trabajo que pierdan de vista sus prioridades. Esta es una aflicción seria que afecta a muchos esposos, sean obreros, profesionales o ministros de Cristo. La recreación es un medio para experimentar y fomentar una familia auténticamente cristiana. Es nuestra tarea, entonces, participar de lleno en ella, y darle gracias a Dios en todo y por todo.

Preguntas sobre el capítulo 12

1. ¿Qué significa la recreación familiar?
2. ¿Cuál es su importancia?
3. ¿Cómo lo está haciendo en su familia?
4. ¿En qué maneras pueden mejorar su recreación familiar?

Del abuelo y la vitrina

Al concluir esta obra, yo, Guillermo, hago estos comentarios finales.

Primero, el abuelo

Unas palabras personales. Es peligroso escribir, predicar o enseñar sobre este tema de la familia. Uno como autor se expone a la critica de muchos, al ataque de Satanás, quien muchas veces asalta al miembro más frágil de la familia. En este asunto de la familia genuina y cristiana no hay ruta fácil ni corta. Lamentablemente, hay conferencistas y autores superficiales, que escriben sin realidad encarnada, amonestan en fórmulas y teorías o pintan un cuadro de rosas y garantías. Obviamente, hace veinte años no podría haberme imaginado lo que significaría para mí ser padre de adolescentes en pleno desarrollo, o mucho menos de hijos adultos; y ser abuelo era cosa de otro mundo. Pero han pasado las décadas, y al revisar esta obra, doy gracias a Dios por mi experiencia y las lecciones que he aprendido. He modificado unas cosas que escribí hace veinte años, porque encontré una mejor manera de expresar algunas cosas. Pero la esencia de la primera versión sigue igual. Doy gracias a Dios por la excelente y animadora contribución de Sergio, mi coautor y consiervo.

Ser hombre, esposo y padre "a largo plazo" no ha sido una historia de rosas sin espinas. Soy un autor realista y cicatrizado por la vida. Espero que esta confesión de palabras directas sea una expresión de estímulo a nuestros lectores. Además, ser padre o madre nunca termina; solamente cambia al ajustarse a las diferentes etapas de la vida. No es fácil ser padre o madre. La realidad difícil es que las gracias como las desgracias no se reparten parejo. Sin embargo, intentaremos ser padres genuinamente cristianos, con la ayuda del Espíritu Santo, nuestro compañero de peregrinaje.

A esta altura de mi vida, concluyo que lo que nuestros hijos, sean chicos o adultos, más quieren de sus padres es que hayan sido mujeres y hombres caracterizados por integridad y llenos de gracia. Que sus vidas hayan sido marcadas por consistencia y consecuencia, y por fidelidad a los votos matrimoniales. Quieren padres dispuestos a reconocer sus errores y a pedir perdón. La verdad es que todo buen padre y buena madre reconoce que cometió errores en el transcurso del peregrinaje con hijos en casa. Los hijos desean padres que aman de corazón, venga lo que venga, inclusive cuando este amor tiene que ser fuerte con los propios hijos. Es una tarea desafiante.

Ante tales circunstancias, un buen padre y una buena madre en sus años avanzados desean poder decir, "aré lo que pude". Esta frase enigmática parece gramaticalmente incorrecta, hasta darse cuenta de que viene del verbo "arar", de trabajar la tierra. Francamente eso es lo que yo, Guillermo, deseo poder decir al llegar al final de mi carrera en esta tierra, "aré lo que pude" como hombre, como esposo, como padre, como ciudadano, como pastor, como siervo del Dios vivo, en la tierra que Dios me ha dado y dentro de los años de vida

Cuando nos acercamos al tema del hogar, de la familia, de lo que significa ser padres, tenemos que cuidarnos de no espiritualizar al extremo su realidad. Ser humano y vivir dentro de un mundo cicatrizado por el pecado significa que aun los cristianos comprometidos tendrán vidas tocadas por el quebrantamiento, la pérdida y el dolor. Cristo no nos prometió (inclusive a sus más fieles discípulos) que todo saldría bien en nuestras vidas; más bien, Él prometió estar presente con nosotros dentro de las difíciles e inexplicables circunstancias que encontraremos.

Aunque no siempre lo deseamos reconocer, conocemos a fieles y consagrados padres quienes han sido llamados a participar con Cristo dentro de su escuela del sufrimiento tocante a sus familias. Al fin y al cabo, tenemos que aferrarnos a la verdad de que todos somos una comunidad de pecadores en proceso de salvación solamente por la gracia y merced de Dios. Desdichadamente, muchas congregaciones y organizaciones evangélicas tienen líderes y miembros que proyectan haber alcanzado su santidad completa y ellos supuestamente no luchan con crisis ni problemas serios. La soberbia y sentido de superioridad los caracteriza, y no la fragancia de Cristo quien es humilde y manso, lleno de gracia.

Por eso es que debemos ser personas marcados por gracia y compasión los unos hacia los otros cuando la falla humana y las debilidades destrozan nuestras vidas. ¿Qué vamos a hacer con las tragedias del adulterio, el divorcio, la confusión tocante a nuestra feminidad o masculinidad, el alcoholismo, las drogas, la pornografía, el abandono de la fe cristiana, el ocultismo. ¿Qué haremos con la realidad de que familias cristianas tienen niños que nacen con serias limitaciones físicas y mentales? Las trataremos de ignorar, o fingir que los cristianos fieles nunca tendrán que enfrentar estas tristezas? En vez de permitir que un espíritu de superioridad o condena nos arremoline, es menester, en humildad, sobrellevar las angustias del otro, mientras al mismo tiempo nos estimulamos hacia la posible restauración y sanidad, y siempre hacia una vida de integridad ante Dios.

Vivimos en una era y en un día donde el pecado abunda, donde una maligna y perversa generación asalta el cuerpo de Cristo. Nuestras familias y nuestros matrimonios se encuentran asediadas por el gran enemigo. En cuanto de nosotros dependa, nos esforzaremos a ser fieles a las verdades y los principios divinos. Pero a fin de cuentas, será la cruz de Cristo, la misericordia de Dios, y la presencia sobrenatural del Espíritu que nos salvará y nos hará capaces de acabar con fidelidad la carrera puesta por delante.

Segundo, la vitrina

En medio de la desintegración social y moral de nuestras culturas, el hogar auténticamente cristiano cobra mayor significado como faro de luz, como vitrina de verdad y estabilidad. La familia cristiana no es un cuento de hadas, ni un mito inalcanzable. Buscando su fundamento en la Biblia, podemos vivir y convivir con autenticidad, siempre recordando que no habrá perfección en ningún hogar. Pero será necesario pagar un precio por tener una familia de este calibre.

Rodeados por modelos dañinos, de polución moral en la mayoría de las telenovelas, el cine y las revistas populares, el cristiano auténtico tiene que decir un rotundo "¡no!" a la invasión perversa de estas fortalezas malignas.

Una vitrina, según el diccionario, es un "armario con puertas o tapas de cristales para tener objetos expuestos a la vista". Algunas vitrinas están en proceso, no se han terminado. Otras aparecen artificialmente perfectas. Todo hogar es una vitrina porque tiene la vida de sus miembros expuesta a la vista de familiares, amigos, vecinos, maestros y compañeros de los hijos, miembros de la iglesia y la gente en general. Aunque se trate de vivir un hermetismo de soledad exclusiva, de todos modos se conocerá la familia por lo que es. Es ineludible, y por esta razón la clave está en la calidad de la vitrina. Debe ser luminosa, dando a conocer al mundo los valores cristianos, sin creerse la gran cosa; debe reflejar estabilidad, ofreciendo un ejemplo en nuestro mundo turbulento; y tiene que ser realista, sin proyectar algo que no existe. En este libro, la vitrina es una obra en proceso, cambiante a través del tiempo y la experiencia.

¿Cómo evalúa usted el ambiente de su propio hogar? ¿Da gusto estar en su casa? ¿Hay diálogo, es un monólogo, hay demasiado silencio? ¿Cómo están los circuitos y canales de comunicación: abierto, cerrados o fundidos? ¿Está profundizándose el afecto y el amor? ¿Hay amor y respeto mutuo entre esposos, entre hijos y padres? ¿Cómo se demuestra este amor y respeto? ¿Cómo va la educación y formación de los hijos? Esposos, ¿cómo están ustedes demostrando su liderazgo espiritual en el hogar, así como su amor y afecto por su esposa? Esposas, ¿respetan ustedes a sus esposos? ¿Están siguiendo el liderazgo? A todos, ¿tienen la capacidad de pedir y ofrecer perdón? ¿Cómo demuestran su unidad en las finanzas? ¿Cómo les va en su vida sexual? ¿Qué hacen para la recreación familiar? ¿Les encantan estar juntos?

Algunos dirán: ¡Todo esto que se ha escrito es muy bonito en teoría, pero es demasiado duro, idealista e inalcanzable! ¡Esto es un cuento de hadas! ¡Es que usted no conoce *mi* caso! Madres solteras nos han contado lo difícil que es simplemente sobrevivir. ¡Y tienen razón al decirlo! He aquí que el papel crítico de iglesia cristiana entra en juego, porque aquí muchas personas han encontrado su gran familia; en la iglesia han encontrado hombres y mujeres —solteros y casados— de calibre, valentía y honradez. La iglesia como nueva comunidad de Dios es la Gran Vitrina al mundo secular o espiritual que busca fundamentos en medio de un mundo cambiante.

Muchas ideas acerca de la familia dependen de nuestro punto de partida. Si nuestras normas vienen del mundo secular, entonces será más fácil ajustarse a lo que comúnmente se llama "normal". Pero la verdad es que hay tantas cosas que nuestro mundo secular llama normales, pero que para el cristiano son anormales. El hombre sin Cristo llama "normal" a la infidelidad, a la inmoralidad, a la pornografía, al abuso de la autoridad, a la mentira, a la violación de la humanidad del individuo, sea hombre, mujer, adulto, joven o niño. Para el cristiano todo esto podría ser común, pero nunca es normal, porque nuestras normas parten de la Biblia. La Biblia nos llama a un alto entendimiento de la vida conyugal y familiar. Aun el vocablo "conyugal" encaja con el concepto bíblico del matrimonio, porque significa compartir el mismo yugo.

Hemos entrado al siglo XXI, con todas sus incertidumbres, sus retos y oportunidades. Somos testigos de la destrucción metódica de la fibra moral de nuestra sociedad, evidenciada entre otras cosas, por el desmoronamiento del hogar y la pérdida de los valores eternos. Las tradiciones del pasado que ofrecieron estabilidad al hogar se han debilitado, han perdido su valor y autoridad, y en algunos casos han desaparecido. En otras palabras, el hogar contemporáneo secular es una nave sin timón ni capitán, a la deriva en alta mar. Es aquí donde la vigencia y la relevancia de la Biblia hablan con autoridad, y es aquí donde observamos el importante papel de la iglesia, la comunidad de Cristo. Solo nuestro Señor puede transformar el hogar, y esto se logra en su plenitud cuando se llenan dos requisitos. En primer lugar, cuando los miembros de la familia se han entregado genuinamente a Cristo, Salvador y Rey. Segundo, cuando están dispuestos a pagar el precio por lograr el cambio deseado de actitudes y acciones en el hogar. Esto se hace solo con el poder del Espíritu Santo, con la ayuda de fieles amigos y con la sabiduría de los capaces consejeros cristianos.

Si usted desea conocer a Cristo como su Salvador y Rey personal, le sugerimos estas verdades para su consideración y decisión. Primero, reconozca que Dios el Creador es un Dios de amor, misericordia y justicia. Segundo, entienda que este Soberano Dios originalmente creó al hombre y a la mujer para compartir su amistad y comunión. Pero nuestros primeros padres desobedecieron, rebelándose contra Dios y sus designios. La Biblia llama a esta rebelión pecado, y merece muerte eterna. Pero en tercer lugar, Dios tomó la iniciativa de nuevo y mandó a su Hijo, Jesucristo, para nacer, vivir, convivir, morir en la cruz y resucitar al tercer día. Esto demostró su victoria sobre el pecado y la muerte. Y, cuarto, es nuestra tarea reconocer nuestro pecado, creer de todo corazón en Cristo como Salvador, e invitarle a tomar posesión de nuestra vida como Rey.

¡A Dios gracias, en Cristo hay esperanza en el hogar y para el hogar!

Sugerencias bibliográficas

Hace más de 30 años, cuando yo, Guillermo, inicié mi enseñanza en castellano sobre el tema de la familia cristiana, los libros sobre este tema los contaba con los dedos de una mano. Pero desde esta tristeza literaria hemos llegado al punto en que hoy día uno no puede comprar todos los libros en esta área. Tenemos que seguir cuidadosamente la instrucción apostólica de "examinarlo todo y retener lo bueno".

Entre nosotros dos como autores, conocemos todos los libros incluidos en esta bibliografía. Queremos sugerir que usted como lector adquiera los que más le podrán fortalecer en su vida familiar de acuerdo a las circunstancias de su hogar. Algunos de los libros los hemos marcado con *, indicando que los consideramos de mayor valor. Adquiera sus libros poco a poco, leyendo, asimilando y aplicando a su vida personal y familiar. Recomiende, preste o regale a sus amigos las obras que más impacto y cambio han provocado en su propia vida y hogar.

Ahora unos comentarios acerca de estos libros. En la categoría general sobre la familia cristiana, porque no estábamos satisfechos con los títulos hemos producido esta segunda edición de *La familia auténticamente cristiana*. Sin embargo, recomendamos los libros de Getz. De libros sobre la orientación prematrimonial, en particular apreciamos los de Smalley y Trobisch. El libro *La pirámide de amor* fue escrito por Guillermo y Dina Saldívar de Escobar con el fin de orientar a la juventud un proceso prematrimonial, dinámico y cristiano. El libro de White es el más directo y fuerte que conocemos. ¡Es valiosísimo!

Con el tema de padres e hijos, agradecemos la contribución de diversos psicólogos evangélicos. Sugerimos a Campbell y Leman. Entre los mejores libros sobre la orientación sexual de los hijos -tarea de los padres- nos encanta el libro *Casi doce años*. Dentro del cuadro de la comunicación matrimonial, tal vez los mejores son los de Chapman, Shedd y Wheat. El difícil y espinoso tema del divorcio creo que lo tratan mejor Duty, Smoke y Wright.

La retadora valoración de ser mujer y hombre ha provocado mucha reflexión, y recomendamos para los hombres el libro de Hart, y para la mujer los de Kent y Lum. Para ambos, hombre y mujer, lean el excelente estudio de Jewett

No todos encuentran gusto en la lectura, pero es sabio desarrollar esta disciplina saludable y fortalecedora. Escoja sabiamente sus libros. Aparte tiempo para leer. Reflexione. Practique lo aprendido y dé a conocer sus hallazgos. ¡Que Dios bendiga su lectura y su familia!

Guillermo D. Taylor y Sergio E. Mijangos

Bibliografía

*Como autores sugerimos con una * los libros que recomendamos de manera especial a nuestros lectores.*

Libros sobre el tema en general:

Burkett, Larry, *La familia y sus finanzas*. Grand Rapids: Editorial Portavoz, 1990.

Christenson, Larry, *La familia cristiana*. Miami: Editorial Betania, 1970.

Drakeford, John W., *Hechos el uno para el otro*. El Paso: Editorial Mundo Hispano, 1977.

* Getz, Gene A., *Dimensiones del matrimonio*. Miami: Editorial Vida, 1982.

* —, *La medida de una familia*. Terrassa: Editorial Clie, 1980.

Hormachea, David, *Cartas a mi amiga maltratada*. Nashville: Editorial Betania, 2000.

LaHaye, Tim y Beverly, *La familia sujeta al Espíritu*. Miami: Editorial Betania, 1980.

Logan, Jim, *Recuperemos el terreno perdido*. Grand Rapids: Editorial Portavoz, 1998.

Panasiuk, Andrés. *¿Cómo llego a fin de mes?* Miami: Editorial Caribe/Betania, 2000.

Libros sobre el tema prematrimonial:

Donovan, J. B., *Una historia íntima*. Barcelona: Ediciones Evangélicas Europeas, 1972.

Duvall, Evelyn M., *¿Por qué esperar hasta el matrimonio?* El Paso: Editorial Mundo Hispano, 1974.

Ferrieres, J. C., *Más puro que el diamante*. Grand Rapids: Editorial Portavoz, 1984.

Goetze, Joan, *El amor y la juventud*. El Paso: Casa Bautista de Publicaciones, 1966.

Graner, Esteban & Graner Judy, *Manual de consejería prematrimonial*. Deerfield: Editorial Vida, 1993.

Hormachea, David, *Para matrimonios con amor*. Miami: Editorial Unilit, 1995.

Lawson, Michael y Skipp, David, *Sexo y más*. Miami: Editorial Unilit, 1988.

McDowell, Josh, *Lo que deseo que mis padres sepan acerca de mi sexualidad*. Miami: Editorial Unilit, 1991.

—, *¿Por qué esperar?* Miami: Editorial Unilit, 1989.

Miles, Herbert J., *Felicidad sexual antes del matrimonio*. Miami: Logoi, 1974.

—, *Felicidad sexual para el joven y el adolescente*. Miami: Logoi, 1973.

Palau, Luis, *¿Con quién me casaré?* Miami: Editorial Unilit, 1986.

—, *Sexo y juventud*. Miami: Editorial Unilit, 1987.

* Saldívar de Escobar, Dina, y Taylor, Guillermo David. *La pirámide del amor: el noviazgo auténticamente cristiano*. (Edición revisada). Puebla: Ediciones las Américas, 1999.

* Smalley, Gary, *El gozo del amor comprometido, tomos I & II*. Miami: Editorial Betania, 1986.

* —, *Para que el amor no se apague*. Nashville: Editorial Caribe, 1999.

Sutton, J. L. y Barros, L. W. de, *Novia hoy; esposa mañana*. El Paso: Editorial Mundo Hispano, 1976.

* Trobisch, Walter, *El amor: un sentimiento que hay que aprender*. Buenos Aires: Ediciones Certeza, 1986.

* White, John, *Eros y el pecado sexual*. Buenos Aires: Ediciones Certeza, 1980.

Wright, Norman, *El manual de asesoramiento premarital*. Miami: Editorial Unilit, 1920.

Wright, Norman & Roberts Wess, *Antes de decir "Sí"*. Miami: Editorial Unilit, 1989.

Libros sobre el tema de padres e hijos:

* Campbell, Ross, *Cómo conocer a tu hijo*. Miami: Editorial Betania, 1989.

—, *Si amas a tu hijo*. Miami: Editorial Betania, 1985.

—, *Si amas a tu adolescente*. Miami: Editorial Betania, 1986.

Cook, Robert, *¡Qué difícil es ser joven!* Terrassa: Editorial Clie, 1975.

Dobson, James, *Atrévete a disciplinar.* Miami: Editorial Vida, 1976.

—, *Cómo criar un niño difícil.* Terrassa: Editorial Clie, 1979.

—, *Preparémonos para la adolescencia.* Miami: Editorial Betania, 1981.

Edens, David, *Estoy creciendo y estoy cambiando.* El Paso: Editorial Mundo Hispano, 1976.

Grant, Wilson W., *De padres a hijos acerca del sexo.* El Paso: Editorial Mundo Hispano, 1977.

Jurgensen, Bárbara, *Padres, ¡uf! Padres.* Terrassa: Editorial Clie, 1974.

LaHaye, Beverly, *Cómo desarrollar el temperamento de su hijo.* Miniápolis: Editorial Betania, 1979.

* Leman, Kevin, *Obtenga lo mejor de sus hijos antes que acaben con usted.* Nashville: Editorial Betania, 1996.

Leman, Kevin, *Eduque a sus hijos sin hacerles daño.* Miami: Javier Bergara Editores, 1994.

León, Jorge, *Cada muchacho necesita un modelo vivo.* El Paso: Casa Bautista de Publicaciones, 1983.

Lessin, Roy, *Cómo criar hijos felices y obedientes.* Miami: Editorial Betania, 1981.

—, *Cómo disciplinar a tus hijos.* Miami: Editorial Betania, 1982.

McDowell, Josh, *El padre que yo quiero ser.* El Paso: Casa Bautista de Publicaciones, 1998.

Narramore, Bruce, *¡Ayúdenme¡ Soy padre.* Terrassa: Editorial Clie, 1974.

—, *Cómo criar a los hijos con amor y disciplina.* Terrassa: Editorial Clie, 1980.

Neufeld Rupp, Anne, *Crecer junto con nuestros hijos.* Bogotá: Editorial Clara/Semilla, 1997.

Richardson, F. H., *Solo para muchachos.* El Paso: Casa Bautista de Publicaciones, 1967.

Simmons, P. D., y Crawford, K., *Mi desarrollo sexual.* El Paso: Editorial Mundo Hispano, 1976.

Smalley, Gary & Greg, *Vínculo de honor.* Miami: Editorial Unilit, 1998.

Smalley Gary & John Trent, *La bendición.* Miniápolis: Editorial Betania, 1990.

* Taylor, Kenneth N, *Casi doce años.* Terrassa: Editorial Clie, 1976.

Ulrich Tobias, Cynthia, *Cómo aprenden los niños*. Deerfield: Editorial Vida, 1999.

Vila, Samuel, *Padres e hijos hablan del sexo*. Terrassa: Editorial Clie, 1974.

Wagemaker, Herbert, *¿Por qué no puedo entender a mis hijos?* Terrassa: Editorial Clie, 1974.

Wright, Norman H., *Comunicación: clave para entender a nuestros adolescentes*. Terrassa: Editorial Clie, 1979.

Tema sobre la comunicación dentro del matrimonio:

Brandt, Henry, y Landrum, Phil, *Cómo mejorar mi matrimonio*. Miami: Editorial Vida, 1977.

* Chapman, Gary, *Los cinco lenguajes del amor*. Miami: Editorial Unilit, 1995.

—, *La otra cara del amor*. Grand Rapids: Editorial Portavoz, 1999.

Christenson, Larry y Nordis, *La pareja cristiana*. Miami: Editorial Betania, 1982.

Daniels, E. J., *Cómo ser feliz en el matrimonio*. El Paso: Editorial Mundo Hispano, 1974.

Dobson, James, *Lo que las esposas desean que los maridos sepan sobre las mujeres*. Terrassa: Editorial Clie, 1980.

—, *El amor debe ser firme*. Deerfield: Editorial Vida, 1990.

Gritter, W. V., *Instruye al niño en su camino*. Grand Rapids: Libros Desafío, 1987.

Hardisty, Margaret, *Para siempre mi reina*. Cupertino, California: DIME, 1978.

LaHaye, Tim, *El acto matrimonial*. Terrassa: Editorial Clie, 1976.

—, *Casados pero felices*. Miami: Editorial Unilit, 1986.

McDowell, Josh & Lewis Paul, *Las tres caras del amor*. Miami: Editorial Unilit, 1983.

Miles, Herbert J., *Felicidad sexual en el matrimonio*. Miami: Logoi, 1972.

Narramore, Clyde, *Cómo tener éxito en las relaciones familiares*. Terrassa: Editorial Clie, 1974.

Osborne, Cecil G., *Psicología del matrimonio*. Miami: Editorial Unilit, 1989.

Parrott III, Les. *Érase una vez una familia*. Kansas City: Casa Nazarena de Publicaciones., 2000.

Renich, Jill, *Tener y retener*. Terrassa: Editorial Clie, 1974.

* Shedd, Charlie W., *Cartas a Felipe*. San José: Desarrollo cristiano Internacional, 1997.
—, *Cartas a Karina*. Grand Rapids: Editorial Portavoz, 1995.
* Wheat, Edward & Gaye, *El placer sexual ordenado por Dios*. Miami: Editorial Betania, 1980.
Wright, Norman H., *Comunicación: clave de la felicidad conyugal*. Terrassa: Editorial Clie, 1974.
—, *La otra mujer en su matrimonio*. Grand Rapids: Editorial Portavoz, 1995.

Libros sobre el divorcio:

* Duty, Guy, *Divorcio y nuevo matrimonio*. Miami: Editorial Betania, 1975.
Epp, Theodore H., *Matrimonio, divorcio y nuevo matrimonio*. Grand Rapids: Editorial Portavoz, 1989.
* Smoke, Jim, *Cómo crecer por el divorcio*. Grand Rapids: Editorial Portavoz, 1995.
Spinnanger, Ruth, *Mejor que el divorcio*. Terrassa: Editorial Clie, 1978.
* Wright, Norman H., *Respuesta al divorcio*. Terrassa: Editorial Clie, 1981.

Libros sobre la mujer y el hombre:

Collins, Gary, *Hombre en transición*. Miami: Editorial Caribe, 1978.
Crabb, Larry, *Hombres y mujeres: disfrutando la diferencia*. Miami: Editorial Unilit, 1991.
Dillow, Linda, *La esposa virtuosa*. Terrasa: Editorial CLIE, 1981.
Fitzwater, Perry B., *La mujer: su misión, posición y ministerio*. Grand Rapids: Editorial Portavoz, 1969.
Getz, Gene A., *La medida de una mujer*. Terrassa: Editorial Clie, 1980.
Grady, J. Lee, *10 mentiras que la iglesia le dice a las mujeres*. Lake Mary: Editorial Casa Creación, 2000.
* Hart, Archibald, *El hombre sexual*. Nashville: Editorial Betania, 1995.
Helad, Cynthia, *Cómo ser una mujer de excelencia*. Miami: Editorial Betania, 1994.
Howard, Linda, *La madre: centro del hogar*. Terrassa: Editorial Clie, 1980.
* Jewett, Paul K., *El hombre como varón y hembra*. Miami: Editorial Caribe, 1975.

* Kent, C., *Pasiones de la mujer cristiana*. El Paso: Mundo Hispano, 1992.

LaHaye, Beverly, *La mujer sujeta al Espíritu*. Miami: Editorial Betania, 1978.

LaHaye, Tim, *El varón y su temperamento*. Miami: Editorial Betania, 1978.

Love, Vicky, *Cuando los niños no llegan*. Miami: Editorial Betania, 1988.

*Lum, Ada, *Soltera y humana*. Buenos Aires: Ediciones Certeza, 1976.

Orr, William, *Lo que toda esposa cristiana debe saber*. Terrassa: Editorial Clie, 1976.

—, *Lo que todo esposo cristiano debe saber*. Terrassa: Editorial Clie, 1976.

—, *Lo que toda futura madre cristiana debe saber*. Terrassa: Editorial Clie, 1976.

Whiteman, Thomas & Petersen Randy, *Hombres que aman muy poco*. Nashville: Editorial Betania, 1996.

Wright, H. Norman, *Qué quieren los hombres*. Miami: Editorial Unilit, 1996.

—, *Siempre seré tu niña pequeña*. Grand Rapids: Editorial Portavoz, 1991.

Otros libros consultados para esta obra:

Adams, Jay E., *Capacitado para orientar*. Grand Rapids: Editorial Portavoz.

Brown, Colin (ed.), *Dictionary of New Testament Theology*. Grand Rapids: Zondervan Publishing House, tomo III, 199

Gundry, Patricia, *Heirs Together*. Grand Rapids: Zondervan Publishing House.

Keil, G. F., y Delitzsch, F., *The Pentateuch*. Grand Rapids: Wm. B. Eerdmans Publishing Co.

Kidner, Derek, *Genesis*. Downers Grove: InterVarsity Press.

—, *Proverbios*. Buenos Aires: Ediciones Certeza.

Kittel, G., y Friedrich, G. (eds.), *Theological Dictionary of the New Testament*. Grand Rapids: Wm. B. Eerdmans Publishing Co., tomo VIII.

Índice de textos bíblicos

Índice de nombres propios

Índice de temas

Un asterisco (*) delante de una palabra indica que la palabra que sigue tiene entrada en este índice.

Notas

A modo de introducción

1. *Visión*, 9 de marzo, 1981.

Capítulo 1

1. Derek Kidner, *Genesis* (Downers Grove: InterVarsity Press, 1967), p. 60.
2. *Ibíd.*, p. 65.
3. C. F. Keil y F. Delitzsch, *The Pentateuch* (Grand Rapids: William B. Eerdmans Publishing Co.), p. 89.
4. López Ibor, *El libro de la vida sexual* (Barcelona: Ediciones Danae), p. 129.

Capítulo 4

1. *Visión*, 27 julio, 1981.
2. Colin Brown (ed.), *Dictionary of New Testament Theology* (Grand Rapids: Zondervan, 1978), tomo III, pp. 1055-1078.
3. *Ibíd.*, pp. 98-99.
4. *Ibíd.*, p. 101.
5. Patricia Gundry, *Heirs Together* (Grand Rapids: Zondervan, 1980), pp. 48-49.
6. Colin Brown, *op. cit.*, tomo III, p. 1064.
7. Colin Brown, *op. cit.*, tomo II, p. 160.
8. Gerhard Kittel y Gerhard Friedrich (eds.), *Theological Dictionary of the New Testament* (Grand Rapids: Eerdmans, 1972), tomo VIII, p. 41.

Capítulo 7

1. López Ibor, *El libro de la vida sexual* (Barcelona: Ediciones Danae), p. 102.
2. Theodor Bovet, *El matrimonio, esa gran misión* (Ediciones Formato de Cultura), p. 58.
3. James B. Pritchard, *Sabiduría del Antiguo Oriente* (Ediciones Garriga, 1966), pp. 257-259.
4. García Cordero, M., *Biblia y legado del Antiguo Oriente* (Madrid: Biblioteca de Autores Cristianos, 1977), pp. 600-603.
5. Döring, Habe y Leist, *La pareja* (Ediciones Paulinas, 1973), p. 59.

Capítulo 9

1. C. René Padilla, *La Humanae Vitae a la luz de la Biblia* (Buenos Aires: Certeza, n.° 34), pp. 52-56.

Capítulo 10

1. Derek Kidner, *Proverbios: una introducción y comentario* (Buenos Aires: Ediciones Certeza).
2. *Ibíd.*, pp. 51-52.